JEANNE
ET LES SIENS

Michel Winock

JEANNE
ET LES SIENS

récit

LE GRAND LIVRE DU MOIS

Ce livre a été édité par
Annie François.

Pour Thomas et Julien

1

Ni fleurs ni couronnes

La mort était chez nous comme chez elle.

Elle a saisi mon père le 6 juin 1945, tout juste un an après le Débarquement. Il avait quarante-neuf ans, je venais d'en avoir huit. Au mois d'octobre précédent, elle avait déjà fauché mon frère aîné, Marcel, qui avait vingt-deux ans. L'un puis l'autre furent victimes du bacille de Koch, la tuberculose restant, à l'heure d'Hiroshima, la grande pourvoyeuse des cimetières d'Europe. Il y a toujours des gens qui meurent trop tôt. A quelques mois près, mettons un an ou deux, ils étaient sauvés par l'arrivée en force des antibiotiques, du Rimifon et tout ça. C'est comme ceux qui prennent les dernières balles de la guerre, juste avant le coup de clairon de l'armistice.

« Papa est mort », m'a dit ma sœur Geneviève, en

me tirant du lit. Je ne suis pas sûr d'avoir éprouvé d'émotion. Je n'étais qu'un jeune barbare occupé de ses billes et de ses soldats de plomb. Depuis des années, du reste, mon père était lointain, épisodique, ballotté d'un sana à l'autre. Je manquais de relations avec lui. De toute façon, il était pète-sec et sujet à de redoutables colères. Un jour qu'un de mes petits copains était venu goûter avec moi à la maison, nous avions piqué un fou rire en buvant du chocolat chaud. Mon père, furieux de notre hilarité, incapable d'y mettre un terme, avait saisi nos tasses et vlan ! balancé leur contenu par la fenêtre de la cuisine. C'était son style : toujours le cœur au travail et les nerfs en pelote.

Quand je dis : « par la fenêtre de la cuisine », c'est une façon de parler, car il n'y avait pas de fenêtre, mais une simple porte vitrée qui donnait sur une cour.

La famille, savoir papa, maman et nous les six enfants, habitait Arcueil, une commune de la banlieue rouge de Paris, traversée par la Bièvre qui, à cette époque, coulait entre les jardins potagers. Les étudiants de toutes les disciplines et de toutes les provinces ont aujourd'hui le cœur serré en prenant le RER pour la station Laplace près de laquelle la Maison des examens a été construite sur le terrain d'une ancienne caserne. C'est par les épreuves de concours qu'ils connaissent cette localité plus que par la mémoire du regretté marquis de Sade qui y faisait subir en son temps d'autres supplices. Nous logions rue Émile-Raspail, plus précisément au 13, à mi-distance entre l'aqueduc qui enjambe la vallée de la Bièvre et la mairie très kitsch, transformée depuis en annexe. Ma mère tenait un petit commerce d'épicerie-fruiterie. L'arrière-boutique nous servait de cuisine, et même de cabinet de toilette. On se lavait à l'eau froide, sauf quand on faisait chauffer une marmite sur la cuisinière en fonte, pour les shampoings, ou dans une bassine, le jour de la « grande toilette » qu'on m'infligeait dans un baquet une fois par semaine. Mes frères et sœurs, plus âgés que moi, allaient aux bains-douches de la rue Berthollet, d'où ils revenaient pimpants, les cheveux humides.

C'est dans cette cuisine-arrière-boutique, séparée du magasin par une porte coulissante, que nous prenions nos repas, tandis que ma mère, sous l'œil exaspéré de mon père, se levait sans arrêt pour aller servir les clients : on n'était jamais fermé. Le reste de l'appartement était situé au premier étage d'un autre immeuble lui aussi sur cour. Il y avait là une salle à manger, réservée aux grandes occasions, presque jamais chauffée malgré la présence d'un Godin, et, de part et d'autre, deux chambres : celle de mes parents et celle, assez grande, des enfants.

En y réfléchissant, je m'aperçois que la disposition de ces lieux était bien compliquée. De la rue, on pénétrait dans notre cour par un passage à ciel ouvert, entre l'immeuble de l'épicerie et l'immeuble de notre appartement. La première porte sur la gauche correspondait à notre cellier, où mon père et mes frères mettaient le vin en bouteille. Plus loin, toujours à gauche, une autre porte donnait sur l'escalier de notre appartement. En continuant, c'était l'écurie où notre voisin, M. Quinault, le boulanger, logeait son canasson. Un second escalier conduisait à d'autres logements. Pour en finir avec le côté gauche, il y avait les lieux dits d'aisances, où il n'était pas rare de devoir attendre son tour puisqu'il n'y avait qu'un seul WC à la turque pour l'ensemble des locataires du 13. Du côté droit, en arrivant dans la cour, on trouvait donc la porte de notre cuisine par où s'envolait le chocolat chaud ; plus loin, les appartements et le fournil du boulanger, surmontés d'autres logements ; enfin, le hangar où M. Quinault entreposait sa carriole. Car il allait tous les jours faire ses tournées, du reste moins occupé à vendre ses pains et brioches qu'à fléchir la vertu des Pénélopes de la localité. Au fond de la cour, à droite, un majestueux escalier de pierre menant à un jardin suspendu et au pavillon à deux niveaux des propriétaires. En bas, de plain-pied avec la cour, disposant d'un enclos fleuri, l'appartement de Rolande, une délurée, et de son mari, un compréhensif Boubouroche. En haut, derrière les grilles, desservi par l'escalier de pierre, le bel appartement de M. et Mme Omnès, souvent absents, et un grand potager occupant une partie du versant ouest de la vallée de la Bièvre, potager dont ma famille avait eu l'usufruit pendant la guerre. Mon père, ce paysan contrarié, s'employa avec délices à biner, bêcher, sarcler, planter, récolter, chasser le doryphore, au grand dam de mes frères toujours sollicités de prendre le râteau ou la brouette malgré leur faible vocation. Achevons la description par la cave voûtée à laquelle on accédait par un escalier situé entre le pavillon et hangar ; la maisonnée s'y entassait pendant les alertes – et Dieu sait s'il y en eut en 1944 –, sauf ma sœur Marie-Thérèse, dormeuse irrépressible, sourde aux sirènes, craignant moins les avions de la Royal Air Force que l'air froid de la cave. En temps ordinaire, on y faisait rafraîchir les bouteilles, en cette époque sans réfrigérateurs.

A ma naissance, dix ans après Geneviève, la dernière de la lignée, mes cinq frères et sœurs s'étaient déjà habitués à vivre ensemble, dans une même chambre. Le soir, Marcel défiait son cadet Pierre à un combat de boxe devant les trois sœurs assises, jusqu'au moment où l'aîné interrompait la séance d'un uppercut du droit ou d'un crochet du gauche qui envoyait le cadet sur l'édredon. Ensuite, Marcel racontait, en artiste, des histoires à faire frémir, genre Fantômas aux prises avec Juve et Fandor. Les autres en redemandaient en se blottissant sous leurs couvertures, mais le champion du ring à la voix de velours (il aimait aussi chanter les refrains de Tino Rossi) avait le chic pour suspendre son récit au moment où le poignard s'élevait, où le bandit tirait son revolver de sa poche, où la Fatalité s'acharnait sur « la délicieuse créature qu'était Mathilde de Brémonval », bref, au moment le plus palpitant, et la suite demain ! Le boucher du 11, dont l'appartement jouxtait la chambre, sensible au bruit, manifestait souvent son impatience par quelques coups de poing dans le mur ou faisait ses remontrances le lendemain à ma mère.

Mes frères et sœurs ne risquaient pas de s'attarder au lit le dimanche matin. Mon père, tôt levé, bricolant ou lavant des bouteilles dans le cellier juste au-dessous, donnait des coups de manche à balai dans le plafond, pour réveiller la marmaille interdite de grasse matinée. Debout, propres à rien !

Un jour, mes parents, à la demande de Marcel, ont jugé venu le temps de séparer les filles des garçons devenus grands. En quête d'une location d'appoint, ma mère s'est procuré une chambre pour Marcel et Pierre, juste à côté. Le 15 était fréquenté par des pochards, des mariés de la main gauche, des gens sans foi ni loi, très allumés les jours de paye. Il y avait bien quelques familles respectables, des fonctionnaires, mais la tonalité générale, c'était plutôt *L'Assommoir* que *Du côté de Guermantes.* On entrait par une porte cochère, qui donnait sur une première cour en cul-de-basse-fosse, où le linge pendait aux fenêtres. Puis on traversait une espèce de tunnel, où l'on aurait pu chouriner le visiteur sans éveiller l'attention, pour passer dans une seconde cour, parallèle à la première, dite à juste titre cour des miracles, où s'ouvraient les fenêtres des poissardes et des cornards éméchés, et au fond de laquelle se dressait un escalier de pierre débouchant sur une terrasse. Là-haut, après la remontée des enfers, on entrait dans un pavillon, on grimpait encore un escalier de bois, bien soulagé d'arriver enfin à ce bout du monde.

La nouvelle chambre de mes frères était vaste, éclairée par deux fenêtres, meublée d'un lit de fer à deux places qu'ils partageaient, d'un bureau acheté par Marcel un samedi aux Puces de Saint-Ouen et d'un meuble de toilette avec broc et cuvette. Pas d'eau courante, et donc encore moins d'eau chaude qu'au 13. On ne s'arrêtait pas à ces détails. L'important, pour mes frères, était de pouvoir s'éloigner du gîte familial, où mon père était toujours en train de les traquer pour leur imposer quelque corvée au cellier, au magasin, au jardin. Il y avait aussi une chaise longue, où Marcel, tombé malade, faisait la sieste ou lisait. Là, on oubliait les colères paternelles, les gueulantes des ivrognes, et on jouissait d'une lumière inconnue au 13. C'est dans ce nid que mon frère est mort, en octobre. Et c'est là qu'on installa mon père, quelques mois avant qu'il ne meure à son tour.

« Papa est mort ! » Je crois bien que ma première pensée a été : je n'irai donc pas à l'école pendant trois jours. Une des deux fenêtres de la chambre du 15 surplombe le mur de la cour de récréation où les élèves de l'école primaire Jules-Ferry déchirent plusieurs fois par jour, à temps fixe, le silence studieux de l'établissement. C'est comme un envol d'oiseaux qui criaillent à heure fixe. Coups de poing, bérets qui volent, balles de tennis usées sur le grand mur ; ça court, ça hurle, ça se harpaille, ça se tape dessus, tandis que, dans un coin de la cour, les pissotières sont prises d'assaut. Puis, un coup de sifflet strident du maître de service arrête net le tintamarre. Chacun se fige à sa place. Après quoi, des petits coups de sifflet répétés intiment aux gamins l'ordre de se mettre en rang, avant de regagner leur salle de classe, identifiée chacune par une plaque d'émail où on lit : cours préparatoire, cours élémentaire 1re année, et ainsi de suite jusqu'au cours supérieur 2e année, la classe qui suit celle du certificat d'études.

En arrivant au chevet de mon père, je ne résiste pas au plaisir de jeter un coup d'œil sur cette cour de récréation où, pour une fois, je ne suis pas. Je regarde d'un œil dédaigneux mes congénères s'agiter : supériorité de celui qui voit sans être vu.

Mon père, allongé sur ce lit de mort qui avait été celui de Marcel, montre un visage apaisé malgré ses joues décharnées. Je n'ai jamais entendu dans sa bouche la moindre allusion à son trépas futur. En bon chrétien, il a accepté sa fin sans révolte. Un soir, dans sa chambre, au 13, où j'étais entré inopinément, je l'avais surpris à genoux devant son lit, sous la croix de bois ornée d'un rameau ; j'étais étonné de le découvrir ainsi, dans cette posture de dévot, et me sentais gêné d'avoir violé son intimité. Nous étions catholiques, mais nullement habitués à manifester notre foi hors de l'église. C'était comme si j'avais percé un secret. Ce n'en était pourtant pas un, mais cet agenouillement reste un souvenir prégnant, une scène incongrue, un aveu forcé.

Je scrute ce corps efflanqué, cette moustache bien taillée, sans penser à rien, sans émoi, sans chagrin, sans curiosité même. Bien plus tard, j'ai appris un mot yiddish dans un livre d'Arthur Koestler, un mot qui me semble décrire au mieux mon attitude : j'étais un *Kibitz*, c'est-à-dire le spectateur silencieux d'une partie de cartes ou d'échecs. Je ne participais à rien, je ne versais pas une larme. En même temps, j'avais honte de cette espèce d'indifférence : c'est très mal de ne pas pleurer quand votre père fait le grand saut.

Sœur Valentine, de la Congrégation des sœurs de Saint-Vincent-de-Paul, agite sa cornette blanche au-dessus du lit. D'ordinaire, elle vient faire les piqûres. Piqûres de quoi, je me le demande. Je la connais bien, car quelques années plus tôt, au jardin d'enfants que tenait sa communauté, à Cachan, elle m'a fait la classe. A cette époque, on apprenait à lire, à écrire, à compter, bien avant d'entrer à la « grande école ». Assistée par Nadine, une fille de Russes blancs exilés, qui se destinait à être auxiliaire sociale, la sœur Valentine m'avait assez dégrossi pour que j'entre à l'école Jules-Ferry en sautant le cours préparatoire. Madame Sûr, qui le dirigeait, m'avait demandé de lire à haute voix, d'écrire quelques mots, de faire des opérations d'arithmétique. Et, au bout d'une heure, allez ouste, tu vas chez Madame Pignoulet, en cours élémentaire. On disait : en 6e, le cours préparatoire étant la 7e, là où, dans les petits lycées, c'était la 10e et la 11e.

Ces sœurs de Saint-Vincent-de-Paul exerçaient un vrai rôle social dans notre banlieue rouge. Outre l'assistance aux malades, l'école maternelle, elles offraient un des rares lieux de retraite pour les vieilles filles et les veuves nécessiteuses. L'une d'elles, Mademoiselle Émilie, une ancienne voisine, avait été adoptée par mes parents. Elle venait, une ou deux fois par mois, partager notre repas dominical, après la grand-messe. Une petite bonne femme toute fripée, rose, peu bavarde, gentille, ravie de partager le bouillon du pot-au-feu des familles. Est-elle venue s'incliner elle aussi devant la dépouille de mon père, je ne sais, mais les visites se sont succédé, avant et après la mise en bière par les croque-morts, tandis que je restais dispensé d'école jusqu'à l'enterrement.

J'observe les préparatifs de la cérémonie assez distrait. Ma mère et mes trois sœurs sont déjà en tenue de deuil depuis la mort de Marcel qui avait occasionné de gros frais de teinturerie. Elles cousent au revers du veston des hommes, j'en étais désormais un, même à huit ans, un large gros-grain noir. Ma mère s'active aux faire-part de décès. Je me souviens de cette pile d'enveloppes cernées de noir où, avec mes sœurs, elle glisse la double feuille imprimée, elle-même bordée de noir, pour la famille, les voisins, les collègues de mon père, les clients de l'épicerie. Ça n'en finit plus. Une petite mention conclut l'avis de décès : « Ni fleurs ni couronnes. » C'est une volonté du défunt.

Pour Marcel, le corbillard, puis la pierre tombale, avaient été couverts de fleurs, blanches surtout. Mon père avait dû juger la dépense inutile. En tout cas, pour lui, il n'y aurait rien. La guerre à peine finie, et alors qu'on manquait de tout, on n'allait tout de même pas dilapider les économies de la famille chez le fleuriste ! Ce souci d'économie paysanne n'était peut-être pas la seule raison de son refus. Sa religion devait y avoir sa part. Le catholicisme de mon père n'avait rien de baroque ; c'était plutôt un janséniste, à la morale farouche et aux mœurs austères. Les pompes, fussent-elles funèbres, n'étaient pas de son culte. Bref : ni fleurs ni couronnes.

Je ne me souviens plus des deux ou trois jours qui séparent la mort de mon père de son enterrement. Je revois seulement quelques visages. Deux inconnus, notamment, d'une solennité empesée, débarqués de la gare du Nord. Deux frères de papa, je crois, qui viennent de leur Saint-Omer natal, bientôt suivis de leur sœur Marie. Tout de noir vêtus, ils parlent le français comme une vache flamande. Un accent étrange, une sorte de ch'timi. Mon père était issu d'une famille de campagnards. Mais attention ! précisait ma mère, ce sont peut-être des paysans, mais pas n'importe lesquels. Et elle en connaissait un bout sur la vie au village : elle y avait partagé la dèche digne et dure de sa famille : son père, mort quelques années plus tôt, avait été salarié agricole puis charretier dans la grande plaine de France où l'on entend mugir aujourd'hui les avions de Roissy. Papa, lui, était né dans une famille de maraîchers, des propriétaires. Rien à voir, donc. Les deux familles, paternelle et maternelle, avaient cependant ceci de commun, qu'elles étaient nombreuses. Mon père était le cinquième d'une famille de onze enfants ; ma mère venait la quatrième d'une famille de neuf. On comprend que ces gens-là, surtout ceux du Pas-de-Calais, ne soient pas venus au complet à l'enterrement.

Il y a donc à l'enterrement ces trois délégués, les deux échevins et leur sœur, échappés d'une kermesse héroïque, qui me font un gros effet et dont je ne comprends pas toujours très bien ce qu'ils disent. Ces gens de Saint-Omer qui travaillent la terre fertile de l'Audomarois nous avaient gâtés pendant les « années noires ». Ma mère avait beau être commerçante, elle manquait de tout. Formée à l'école de l'honnêteté intégrale, fortifiée dans cette voie par mon père, elle était le contraire des BOF enrichis par le marché noir. Mes parents n'étaient pas des petits saints, mais à l'époque du « démerde-toi, le Ciel t'aidera », des combines en tout genre, des magouilles quotidiennes, des concours de coquinerie, ma mère n'a jamais eu l'idée de mettre une once d'eau dans le lait, de donner un seul coup de pouce sur le plateau de la balance ou de vendre sous le comptoir dix fois leur prix des produits introuvables. Donc, à cette époque de vaches maigres, très régulièrement, peut-être chaque semaine, le facteur nous apportait, en provenance de Saint-Omer, un petit sac de haricots blancs. Ces fayots furent le savoureux appoint de la campagne française à nos estomacs de banlieue qui criaient famine. De l'avantage d'avoir de la famille aux champs !

Ma mère n'avait donc pas grand-chose à vendre, mais, très affable, elle jouissait d'une certaine popularité dans le quartier. Elle tenait son magasin comme un salon, certes moins chic que celui de Mme du Deffand, mais assez agréable pour attirer les beaux esprits de la rue Émile-Raspail, de la rue Besson ou de l'avenue des Aqueducs. Il y avait des clientes qui n'en décollaient pas. Elles causaient, babillaient, cancanaient, persiflaient, ricanaient, ce n'était qu'un cliquetis de mots ininterrompu. De l'arrière-boutique, on entendait des rires, des éclats de voix, des moqueries. Quand mon père s'y tenait, devant sa chicorée, exaspéré par le patati et patata, il saisissait sa cuiller et en frappait le bord de sa tasse comme un juge eût agité sa sonnette. De l'autre côté de la porte coulissante, Mme B. ou Mlle G. regardaient ma mère sans mot dire, réprimant un fou rire signifiant que ce M. Winock était un vrai bonnet de nuit et son épouse bien à plaindre. Donc, on pouvait compter sur eux, ces clients – surtout des clientes –, ces bavards, ces discoureurs, pour venir se taire devant l'homme du Nord, raide comme la justice.

Au jour J, la bière est descendue de la chambre du 15 et placée sur le corbillard. L'absence de fleurs rend la scène aride. Il y a foule devant la porte cochère et sur la chaussée, mais peu à voir. D'autant qu'il s'agit d'un enterrement de troisième classe comme dans les chemins de fer. Donc, pas de tentures autour du portail, pas d'écusson aux initiales de mon père. Rien. La mort toute nue. Il y a seulement les chevaux qui attendent. Ce n'est même pas un spectacle, car on est habitué à ces bêtes-là. Les livraisons se font presque toujours avec des voitures attelées : les vins du Postillon, les pâtes Lange et Ferré… Les automobiles sont encore rares en ces lendemains de guerre, surtout en banlieue. Les gamins jouent dans la rue sans danger. Depuis le rétablissement d'une ligne d'autobus allant d'Arcueil à la porte d'Italie, ils doivent au pis interrompre leur partie de ballon pour se ranger tous les quarts d'heure sur le trottoir. Chevaux et crottin font partie du paysage et du bouquet citadins. Certains de mes camarades de classe marchent au cul des chevaux avec une petite pelle et un sac pour ramasser le précieux engrais destiné au jardin familial. Pour un enterrement de première classe, il y aurait eu quatre bourrins, caparaçonnés de noir et d'argent. Pour mon père, ils ne sont que deux, sans fla-fla, attendant sagement de prendre le chemin de l'église. Selon la tradition, mon frère Pierre, chemise blanche et cravate noire, mène le cortège, puis viennent ma mère, mes sœurs et moi, ensuite le reste de la famille. Et enfin tous ceux qui veulent.

En peu de temps, nous sommes parvenus à l'église, le cercueil est déposé par les agents des pompes funèbres au milieu de la nef, au son de l'harmonium. Le prêtre qui officie se nomme Yves Le Corvec. Il est grand, barbu, breton, et doué d'un certain prestige, car il a été de la Résistance. Depuis la Libération, on l'a vu souvent devant le monument aux morts, côte à côte avec les communistes, médailles sur la poitrine, en train de chanter des hymnes et de faire des discours. Ce n'est pas un de ces résistants de septembre, qui ont mis un brassard après la bataille, fait trembler les concierges, et raflé les places à prendre. Selon ma sœur Simone, le curé a protégé en 1942 des enfants juifs. En fait, on ne connaissait guère de juifs à Arcueil, sinon rue Branly qui aligne des petites maisons genre corons du Nord, où logeaient des ouvriers et leurs mouflets. Ma sœur y comptait des camarades de classe qui étaient juives, les I. et les G. Les premières avaient pu fuir avec leurs parents avant la grande rafle, on ne sait trop où. Les G. ont été enfournés dans un des camions qui sillonnaient la commune. Simone a vu les conseillers municipaux nommés par Vichy, en remplacement des communistes, le maire au chapeau mou et son gros adjoint au cigare, en discussion avec des Allemands. Les G. ont été arrêtés, mais leurs enfants ont pu échapper à la rafle grâce au curé, qui les a cachés.

Yves Le Corvec avait d'abord été affecté à l'autre paroisse d'Arcueil, à « Jésus ouvrier », où il avait été remplacé par l'abbé Mahéraut quand il avait pris la cure de Saint-Denis, la paroisse principale. Si je donne ce détail, c'est que je connaissais mieux l'abbé Mahéraut, ma mère m'ayant envoyé en colonie de vacances. Comme celle de Saint-Denis avait été annulée en raison des événements qui se précipitaient depuis le 6 juin, j'étais parti avec celle de l'abbé Mahéraut, un manchot à béret basque. Il avait perdu un bras – je ne sais plus lequel – à la guerre de 14.

Ce ne fut pas une colo comme les autres. Nous avions quitté Arcueil dans le courant de juillet, alors que les combats de la Libération se prolongeaient en Normandie. Direction : le petit village de Semarey, par Commarin, en Côte-d'Or. Le thème de la colo était celui des Indiens. Nous étions répartis en équipes, qui avaient chacune un nom de tribu : les Comanche, les Iroquois, les Cheyenne… J'appartenais à l'équipe des Sioux, que dirigeait un de mes aînés, Guy P., futur membre du Comité central du Parti communiste. J'avais sept ans, j'étais le plus jeune ; c'était ma première colonie.

Dès notre arrivée à Semarey, on nous scinda en équipes distribuées entre plusieurs bâtiments qui formaient un rectangle autour d'une cour gazonnée et on nous distribua des draps et des couvertures pour faire nos lits. Le soir, en me couchant, impossible d'allonger mes jambes. Je compris qu'on avait fait mon lit en portefeuille. J'étais furieux, mais bien décidé à ne pas offrir à mes salopards de camarades une petite joie supplémentaire. A la guerre comme à la guerre : je me suis blotti en chien de fusil, comme si de rien n'était, sans un mot. J'ai dormi ma première nuit indienne recroquevillé comme un escargot dans sa coquille. Très digne. Un vrai Sioux. Les jours suivants se sont déroulés sans histoire. Chaque équipe s'est construit une hutte sur la colline, youkaïdi-aïdi-aïda. Les jeux se succédaient, les diverses corvées quotidiennes comme l'épluchage des patates aussi. J'avais hâte de rentrer à la maison.

Au mois d'août, j'ai appris que nous étions bloqués en Côte-d'Or à cause de la « bataille du rail » : il n'y avait plus de trains ; les résistants avaient fait sauter des ponts, détruit des voies et des tunnels. A la fin d'août ou au début de septembre, par je ne sais quel miracle, des lettres arrivèrent de nouveau d'Arcueil. Sur presque toutes les enveloppes, nos correspondants avaient dessiné des petits drapeaux tricolores. Paris avait été libéré !

Un jour, on nous a informés que les dernières troupes allemandes venaient de fuir la Bourgogne. Nous nous sommes retrouvés sur la nationale 7 devant un spectacle inimaginable : l'armée d'occupation, prise de court, fuyant dans le désordre, avait laissé sur les bas-côtés et dans les fossés des bicyclettes, des masques à gaz, des brodequins, des sacs à dos, voire des portefeuilles d'où l'on tirait des photos de famille de soldats probablement morts depuis. On avait pris soin, avant notre passage, de ramasser les cadavres. Du moins, ceux des soldats, car l'un des spectacles les plus étonnants pour moi fut celui des cadavres de chevaux aux énormes croupes qui pourrissaient tripes à l'air au bord de la route. L'aubaine pour nous fut de ramasser des casques allemands. A la fin de la journée, nous en avions tous un sur la tête, ce qui nous permit, les jours suivants, d'organiser de grandes batailles à coups de marrons d'Inde qui faisaient *cling!* sur nos crânes.

A partir de ce jour-là, nous avons eu droit à la cérémonie au drapeau, deux fois par jour : le matin, autour d'un mât planté au fond de la cour, sur une petite butte, devant les Indiens au garde-à-vous, on hissait les couleurs ; le soir, on amenait les couleurs. C'est sans doute à cette époque que j'ai aussi chanté pour la première fois l'hymne national. Il faut dire que j'avais eu l'occasion d'en apprendre les couplets grâce à mon père. C'était quand j'étais entré au cours élémentaire de Madame Pignoulet. J'avais rapporté de l'école mon premier manuel d'histoire de France.

Mon père, en feuilletant le livre, était tombé sur une photo hors texte représentant *La Marseillaise* de Rude, à l'Arc de Triomphe. Alors, au verso de la page de papier glacé, à l'aide d'un crayon taillé très fin, il avait écrit, de sa belle écriture d'instituteur qu'il aurait aimé être, en laissant passer le bout de sa langue entre les lèvres, les trois ou quatre premiers couplets de l'Hymne de l'Armée du Rhin.

Avec notre drapeau français et nos casques de Fridolins-Fritz-Boches-Frisés-Chleuhs (notre vocabulaire était inépuisable en ce domaine), nous étions toujours à Semarey le 1ᵉʳ octobre : pas moyen de retourner à Arcueil ! L'abbé Mahéraut et les dirigeants de la colonie prirent alors une grande décision : faute de pouvoir nous ramener, ils nous feraient l'école eux-mêmes. Nous fûmes répartis selon nos âges dans diverses sections improvisées. Certains de mes camarades firent ainsi leur entrée en sixième, pas peu fiers à la récréation de nous fatiguer les oreilles des premiers mots de langues étrangères qu'ils apprenaient. C'est ainsi que j'ai assimilé les rares mots d'allemand que je sache encore : *Danke schön ! Bitte schön ! Mein Gott ! Schnell !* Et cette petite phrase que je prononçais avec délices : *Haben Sie gut geschlafen, Mein Herr ?*

Enfin, un soir, l'abbé nous dit que nous pourrions rentrer le lendemain. Il avait trouvé un camion à gazogène dans les environs et le propriétaire voulait bien nous rapatrier. Avec quel empressement nous bouclons nos valises! Dans notre hâte de repartir dare-dare, vers nos lares et nos plumards, nous sommes prêts dès l'aurore. La colo a duré presque trois mois et, tout Sioux que je suis, j'en ai mon comptant. Après des heures de route dans ce tacot fumant, nous arrivons enfin à Arcueil. Là, dans une cour de patronage, nous faisons cercle une dernière fois. Il faut encore chanter. Ce n'est qu'un au revoir, mes frères. Sans une larme. Simone, ma sœur aînée, rentrant de son travail à Montrouge, entend par hasard notre hymne d'adieu, se dit que son petit frère est peut-être du lot. Elle me cueille en beauté à la sortie, m'embrasse. Et efface aussitôt le baiser des retrouvailles d'un mot assassin : « Mon pauvre Michel, que tu es sale ! »

A la maison, même accueil. On m'embrasse, on constate le désastre, on me débarbouille et on s'attaque à mes pieds. Il faudra une semaine de savonnage pour rendre à mes orteils et à mes chevilles une nouvelle dignité. On veut aussi jeter mon casque allemand aux poubelles ; j'arrive à le sauver, en le cachant dans un débarras, derrière des boîtes à chapeau. Pour le Sioux que je suis, c'est tout de même un trophée de guerre !

Mon retour avait précédé de peu la mort de Marcel. Cette fois, c'est celle de papa. Nous nous retrouvons dans la même église gothique, pour un nouveau requiem.

Venant du dépôt de Malakoff, tous en veste de cuir, une délégation de cinq ou six collègues de mon père, machinistes ou receveurs de bus de la STCRP (Société des Transports en commun de la Région parisienne) – la « Técéerpé » –, ne veulent pas mettre les pieds dans l'église. Ces gars-là sont de la CGT, et certains même du Parti. A l'époque, quand on dit « le Parti », c'est toujours le Parti communiste, le « Parti des 75 000 fusillés », le Parti de Maurice Thorez : il n'y en a qu'un. S'ils avaient su que le curé de la paroisse avait été dans la Résistance, seraient-ils entrés, leur casquette à la main ? Nenni. Ils sont d'une autre église. Ils vont donc taper le carton au bistrot le plus proche, en attendant la fin de la messe. A la sortie, je les vois s'introduire dans le cortège qui se forme pour aller au cimetière, pendant que la famille, moi compris, alignée dans un bas-côté de l'église, reçoit les dernières personnes qui présentent leurs condoléances à la queue leu leu.

Des clientes de ma mère m'embrassent et je me retiens de m'essuyer les joues ; des hommes m'écrasent la main en bredouillant des mots vagues, des mots tristes. Quand on a fini, les miens reprennent la tête du cortège sous la conduite de l'ordonnateur des pompes funèbres raide comme un if. Les chevaux s'ébranlent devant le corbillard sans fleurs où l'on a replacé le cercueil et tout le monde de se mettre en route, sauf ceux qui, estimant en avoir assez fait, s'esquivent discrètement. Au bout de cent mètres de rue en pente, maman se penche vers moi et me glisse à l'oreille de rentrer à la maison. Elle pense que la cérémonie est un peu longue pour un enfant qui en est déjà à son deuxième enterrement en moins d'un an. Au revoir la compagnie. Je me retourne au moment où le cortège aborde le virage en épingle à cheveu, devant l'ancienne mairie. Quelle foule ! Immense, interminable, la ville entière, ma parole ! Un bref instant, je suis submergé de fierté : tout de même, mon père, mes parents, ce n'est pas rien ! J'avais déjà vu des enterrements suivis par quelques pékins. Là, c'est un triomphe !

Au cimetière, qui est le seul endroit d'Arcueil un peu joli, à cause des arbres et des fleurs, tous ces gens assistent à la mise en terre du défunt, celui qu'on ne reverra plus, sinon sur les photos de l'album familial. A la mort de Marcel, mes parents avaient acheté une concession, un simple trou pour quatre personnes. Il reste donc encore deux places : pour qui ? C'est le genre de question qu'on se pose peut-être dans ma famille, au cours du traditionnel déjeuner. C'est la coutume : pas d'enterrement sans repas. Souvent, ce sont les seules occasions où la famille élargie se retrouve. Les morts rassemblent les vivants. Ma mère a tout prévu, pour une tablée d'une douzaine de personnes, dans la salle à manger dont le linoléum a été passé au noir aux endroits arpentés par Pierre qui ne pouvait apprendre ses leçons et récitations qu'en déambulant autour de la table en palissandre.

Ces repas sont rarement tristes. Aux hors-d'œuvre, l'esprit est encore plein de la cérémonie funèbre : les paroles du curé, le corbillard, les croque-morts qui font descendre la bière dans le caveau, les condoléances… Mais au premier plat, après un verre de vin, on commence à parler d'autre chose, qu'est-ce que tu deviens ? et la tante Alice ? sais-tu que j'ai trouvé un nouveau travail ? A un moment, on passe aux souvenirs, histoire de se rappeler ce pauvre Gaston. Souvenirs drôles. Parfois, on ose sourire ; très vite les rires fusent. J'aime bien les deux frères de maman qui sont là, René et Georges. Chaleureux, sympathiques, ils ont toujours le mot pour amuser la galerie. Je ne sais plus trop ce que fait Georges, qui a les allures et la gouaille d'un vrai titi, mais René, lui, ne se cache pas d'être flic. C'est le mot qu'il emploie. Flic débonnaire, plutôt de gauche : il dit avoir voté communiste aux municipales, tout en précisant qu'aux législatives d'octobre, ce sera une autre paire de manches, parce que les cocos, c'est bien au plan local, c'est social, mais pour gouverner le pays… Je n'ai pas encore la tête politique, mais il me paraît très fort l'oncle René avec ses bulletins de vote. A cette table, les Dussaule (c'est le nom de ma mère) sont autrement loquaces que les Winock. Mes oncles maternels, nés à Louvres (Seine-et-Oise) comme ma mère, sont devenus des Parigots, toujours en train de blaguer. C'est du moins l'impression qu'ils me donnent en face des trois Winock de Saint-Omer, deux oncles et une tante, qui ne la ramènent pas, craignant peut-être de se rendre ridicules avec leur accent ch'nord.

Je ne sais pas à quelle heure on s'est mis à table, tard sans doute. Et ce déjeuner n'en finit pas. Enfin, quelques convives se lèvent ; ils ont un train à prendre à la gare du Nord. Avant de m'embrasser, l'un de mes oncles me glisse dans la main une pièce de 20 francs. Les heures filent, on bavarde toujours. Vers huit heures du soir, tout le monde s'en va. Je ne sais où est passé Pierre, mais ma mère et mes sœurs vont raccompagner les derniers de la troupe à la gare d'Arcueil-Cachan. Resté seul, je sors dans la rue, je m'assieds devant le magasin maternel, « Au cours des Halles ». C'est alors que passe, sur le trottoir d'en face, l'ami Jacques, un copain de classe.

Quand je suis revenu à l'école, à la mi-octobre 1944, je me suis retrouvé en CE2, qu'on appelait donc la 5e. Avec une nouvelle maîtresse. Une vraie beauté, grande, blonde, maquillée avec soin. Je ne puis mieux la peindre aujourd'hui qu'en la comparant à une actrice célèbre, qui apparaîtra, bien plus tard, sur nos écrans : Jane Mansfield en personne. C'est dire l'effet qu'une pareille créature pouvait produire sur des petits garçons. Dès mon arrivée, j'observe que mes camarades, tous amoureux, rivalisent de présents, rien que pour mériter une bise. Je me mets en tête d'offrir à mon tour quelque chose, mais quoi ? Et avec quoi ? Je n'ai pas un sou en poche. Quelques jours plus tard, je découvre à la devanture de Poirier, marchand de couleurs-bazar juste en face de notre épicerie, un petit flacon de parfum, à 17 francs. Mais comment trouver une somme pareille ? Dans ces cas-là, mon recours favori est ma sœur Marie-Thérèse, de quatorze ans mon aînée, salariée depuis quelques années déjà. Son premier réflexe est de dire non, mais je la connais, je sais l'amadouer. Marie-Thérèse est une seconde mère pour moi. Quand j'étais marmot, elle me promenait en poussette dans la grande plaine de Cachan, là où ont surgi depuis une école normale et tout un ensemble scolaire : j'y ai vu des blés, il y avait un moulin… Bref, ma grande sœur a gâché une partie de sa jeunesse à balader son petit frère. Ça crée des liens. Je ne cache pas à Marie-Thérèse l'objet de ma démarche, c'est peut-être ce qui l'attendrit, par identification à cette maîtresse d'école adulée. En tout cas, elle cède. Me voilà donc avec le petit paquet en poche. Seulement, juste avant de franchir le portail de l'école, je flanche. Je n'oserai jamais. C'est alors que j'avise l'ami Jacques, un dégourdi, lui. Je lui propose de donner le paquet à la maîtresse, en notre nom à tous les deux. Il est toujours d'accord, Jacquot ; il ne s'émeut de rien. On entre en classe, mon cœur bat, et je le laisse tendre mon cadeau à notre idole. Scénario prévu : elle le remercie et lui donne un baiser. A lui seul ! Et moi, et moi, et moi… ? Eh bien, non ! Deux pour un cadeau ; une bise pour deux. J'avais payé 17 francs un bécot de star… au profit d'un usurpateur. Je suis écœuré, j'ai envie de crier à l'injustice. Je n'en suis qu'à l'apprentissage de cette vie cruelle, où les malins sont récompensés, les bons oubliés. Le pire arrive quelques jours plus tard : un gandin attend la maîtresse à la sortie de l'école et lui prend la taille. Mais le pire n'est jamais stérile : j'avais tout simplement pris de l'avance pour passer cette étape qui, je le saurais plus tard, s'appelle la décristallisation stendhalienne. Une de perdue, dix de retrouvées !

Jacquot est un personnage. Très vite il s'est imposé comme le cancre de la classe. Un cancre déluré. Une fois, la maîtresse étant sortie pour quelques minutes, Jacquot monte sur sa table et tire de sa braguette toute sa boutique qu'il nous donne à admirer. Comme il a deux ou trois ans de plus que moi, je suis en effet impressionné.

Nous sommes devenus amis selon un système d'échanges très au point. Je viens régulièrement chez lui résoudre les problèmes d'éviers qui se vident, de trains qui se croisent et d'âge du capitaine, contre des chewing-gums, denrée rare. Sa source d'approvisionnement se situe à Paris, boulevard Jourdan, à la Cité universitaire, où casernent alors quelques régiments de G. I.'s. Une fois, il m'emmène avec lui. On prend le métro à Arcueil, on descend à Cité universitaire et on se poste à la porte du campus par où sortent régulièrement des soldats américains, superbes, bien habillés, grands, gras ou musclés, parfois noirs, et qui semblent prendre la guerre à la rigolade. D'après Jacquot, ils reçoivent tous des rations de cigarettes et de chewing-gum, et aujourd'hui c'est le jour de la distribution. Nous nous plaçons donc bien en vue à la sortie de la Cité et, dès qu'un soldat sort, nous le suivons en répétant : « Chewing-gum, cigarette, chewing-gum, cigarette… » Le succès n'est pas immédiat. Ils doivent en avoir marre, les Amerloques, de ces quémandeurs en culottes courtes. De temps en temps, il y en a un tout de même qui nous balance par-dessus l'épaule une tablette de la gomme à chouiner. Pour les cigarettes, tu repasseras ! On est sans doute trop petits. En une heure, nous rapportons un butin de quatre ou cinq tablettes avec un sentiment de triomphe.

Bref, Jacquot mâche avec délectation son chewing-gum qu'il étire de temps à autre comme un élastique entre son pouce et son index. S'il n'a plus de tablette en poche, il me donne un morceau de sa boule : on n'est pas dégoûtés. Je continue donc à faire ses devoirs qui sont aussi les miens. Évidemment, les jours de composition, quand il faut tout faire sous les yeux de la maîtresse, l'ami Jacques peut aller se rhabiller. Il est donc toujours bon dernier. Un flemmard, un propre à rien, les côtes en long, voilà ce qu'on dit de lui à la remise des livrets, une cérémonie dont le grand ordonnateur est le directeur, Monsieur Puig, toujours impressionnant. Quand ce Béarnais à l'accent roulant, à la carrure de joueur de rugby, entre dans la salle de classe avec les livrets sous le bras, nous nous levons comme un seul homme et la maîtresse lui cède sa propre chaise. Monsieur Puig prend place au bureau, Monsieur Puig jette un regard circulaire plein de menace, Monsieur Puig remet les livrets un par un, par ordre de mérite. Premier : Untel. L'élève se dirige vers le bureau, reçoit son livret du directeur, tout miel. Deuxième : Machin, etc. Et le dernier, inévitable, régulier, d'une constance infaillible, Jacquot… Jusqu'au jour où Monsieur Puig trônant au bureau, plus solennel que jamais, déclare : « Mes amis, il y a dans cette classe un élève surprenant, un élève qui se donne vraiment du mal. Il n'en avait pas l'habitude, mais cette fois, ça y est ! Il est premier ! » Et d'appeler

Jacquot. Tête de Jacquot ! Premier ! Il n'en revient pas. Du fond de la classe, où il passe habituellement son temps à plier des avions en papier, il s'approche du bureau pour recevoir son livret. C'est alors que Monsieur Puig le rugbyman, directeur de l'école Jules-Ferry, assène au jeune exhibitionniste et mâcheur de gomme une taloche à étendre un pilier du Stade toulousain. Merde alors, quelle baffe ! Monsieur Puig avait, ce jour-là, décidé de rendre les livrets en sens inverse, les premiers seront les derniers, comme dans l'Évangile ! Jacquot a pris son livret, couvert de zéros, puis a regagné sa place, stoïque, silencieux, sans la moindre plainte, sans révolte.

Aujourd'hui, les parents d'élèves signeraient des pétitions, intenteraient des procès, dénonceraient les bourreaux d'enfants. Ce n'est pas la coutume à cette époque. Quand leurs mômes reçoivent une pâtée, il ne vient pas aux parents l'idée de protester : leurs rejetons doivent apprendre à vivre et les maîtres doivent avoir de bonnes raisons de leur chatouiller les côtes. Du reste, les maîtres les plus respectés de l'école, les plus admirés, voire les plus aimés, ce ne sont pas les moins rudes. Dans la classe du certif', un redoutable instit' tape rarement mais, si d'aventure ça lui arrive, il projette son élève d'une mornifle sur le parquet. Cette réputation légendaire impose le silence sur le passage de la brute. D'autres, plus vicieux, cinglent à coups de règle les doigts qu'on doit présenter en bouquet. Quant au père Gitton, brave homme et excellent pédagogue au demeurant, il s'amuse à tirer les cheveux des mauvais élèves à la racine, tout en lissant, de l'autre main, sa moustache. Les voyous de la rue Branly et d'ailleurs ne bronchent pas. *O tempora o mores !*

Jacquot était sans doute ce qu'on appellerait, aujourd'hui, un enfant perturbé. On disait que sa mère avait été tondue à la Libération pour intelligence avec l'ennemi. De fait, à la fin d'août 1944, passé les chars Leclerc, la corporation des coiffeurs doit obtempérer à la réquisition populaire pour fustiger les femmes indignes. Il y en a pourtant d'autres à punir, les trafiquants, les profiteurs, les accapareurs qui ont tiré un joli paquet de leurs commerces variés avec l'Occupant. A défaut de les connaître, de les saisir et de les châtier, les résistants de la vingt-cinquième heure préfèrent s'en prendre aux femmes qui, par amour, entraînement ou intérêt, ont cédé au prestige de l'uniforme vert-de-gris. A défaut de gros gibier, ces pauvres créatures sont victimes des justiciers et de quelques justicières sans doute jalouses d'un pouvoir de séduction dont elles sont dépourvues. La vertu se nourrit des sentiments les moins honorables. Ainsi, la mère de Jacques aurait subi la coupe vengeresse dont l'infamie, en apparence temporaire (les cheveux repoussent, turbans, chapeaux sont à la mode), laisse une marque indélébile au cœur, sans épargner les proches, à commencer par les enfants, quand il y en a.

Jacquot porte peut-être cette souffrance en lui. Le sûr est qu'il est très solitaire. Le soir, comme un petit homme, il se rend seul au Cachan-Palace, le cinéma de la commune voisine, s'abritant, les jours d'averse, sous le grand parapluie noir familial. Le jour de l'enterrement de mon père, assis sur mon trottoir, je lui demande où il va. Au cinéma d'Arcueil. Et qu'est-ce qu'on y donne ? *Tarzan l'homme singe.*

Tarzan ! On ne sait plus aujourd'hui ce que ce nom-là évoquait dans l'imaginaire d'un gamin de huit ans. Ce personnage de roman américain, d'avant 1914, inventé par E.R. Burroughs, était devenu entre les deux guerres un héros de bande dessinée dont je suivais les aventures dans les vieux illustrés de mes frères. Quant à la version cinématographique, sa séduction auprès des grands comme des petits tient à ce que, depuis la défaite de 1940, le public français est frustré de films américains. On n'en voit qu'au compte-gouttes. Il faudra attendre les accords Blum-Byrnes, en 1946, pour que la France importe de nouveau, massivement, et au grand dam des réalisateurs et autres gens de cinéma, des films d'Hollywood. C'est une rareté, ce film-là.

Jacquot va donc voir *Tarzan*. Je vérifie si j'ai toujours en poche la pièce donnée par mon oncle. Pour une fois, je suis en mesure de m'offrir une place de cinoche. Sans hésiter, je lui dis que je l'accompagne. Aux portes du ciné, des photographies de Johnny Weissmuller, ancien champion olympique de natation, dans le rôle de Tarzan, et de Maureen O'Sullivan dans le rôle de Jane. Je me moque bien du nom du réalisateur (Van Dyke, 1932 !).

Dans la salle comble, on peine à trouver deux sièges. Pendant les années de guerre et encore longtemps après, le cinéma est devenu le divertissement principal des Français, et sans doute des Européens en général. Dans toutes les communes de banlieue, il y a au moins une salle et on peut même réserver sa place. Le spectacle occupe toute une soirée. En première partie, une fois le rideau levé, on a droit à un documentaire barbant sur la vie des lézards ou la cueillette des pamplemousses, qui dure bien une demi-heure. Il est suivi des Actualités Pathé ou Gaumont dont le commentaire emphatique ne fait ricaner personne, tant les spectateurs sont subjugués, avides d'images. On y sert régulièrement des courses hippiques, défilés de mode, allocutions solennelles du général de Gaulle, chef du Gouvernement provisoire de la République, bla-bla d'un de ses ministres, toujours pour exhorter les populations à tenir le coup en ces temps de pénurie, à retrousser leurs manches pour reconstruire, produire, produire, produire, y compris de beaux bébés. En juin 1945, les communistes plastronnent au gouvernement, aux côtés des socialistes et des démocrates-chrétiens du MRP : une sorte d'union sacrée, moins l'enthousiasme, sous les deux étoiles du Général.

Après les Actualités, à l'entracte, je ressens quand même un doute sur l'opportunité de ma présence dans cette salle de cinéma, ce jour-là. En plus, je n'ai prévenu personne. Ma mère et mes sœurs vont évidemment s'inquiéter. J'aurais pu y penser plus tôt. Mais, à l'époque, je sors de chez moi à ma guise, vais jouer sur la place sans demander l'autorisation. Les adultes ne s'inquiètent de rien, en général : pas de voitures, les bombardements sont finis. Et puis, ils ont autre chose à faire que de s'occuper sans arrêt de leurs gosses. Pourtant, j'ai beau être un enfant des rues, cette liberté a quand même ses limites. Il est déjà dix heures du soir au moment de l'entracte et un scrupule me vient. Il est peut-être temps de rentrer. Mais comment quitter le ciné avant d'avoir vu *Tarzan*, qui m'avait quand même coûté 20 francs ? Je reste enfoncé dans mon fauteuil. On verra plus tard.

Le rugissement du lion de la Metro Goldwyn Mayer, puis l'apparition de Tarzan et Jane me font aussitôt oublier mes inquiétudes. Dans la jungle, Tarzan peut compter sur ses amis, les singes, les éléphants, les hippopotames sur le dos desquels il traverse les fleuves à l'abri des crocodiles, des lions et léopards qu'il tue à coups de poignard. Curieux, du reste, cette arme de fer, chez un homme-singe isolé de tout. Où a-t-il bien pu se la procurer ? Je ne m'attarde pas à ce détail, car arrive l'épisode où la petite troupe d'explorateurs est encerclée par une tribu de nains. Des Pygmées ? Non, des nains, sauvages, armés jusqu'aux dents, d'un sadisme si raffiné qu'ils ont creusé une fosse, au fond de laquelle gronde un King Kong en mal de proie. Les nains y font descendre leurs prisonniers ; le monstre les réduit à néant. Quand c'est le tour de Jane, retentit le cri de Tarzan, galvanisant une bande d'éléphants qui écrasent le tout en moins de deux. Jane, qui a vu mourir son père, reste alors dans les bras de Tarzan, dont elle entreprend l'éducation. Lasse de la Civilisation, elle veut retourner à la vie sauvage. Fin.

Quand la lumière inonde la salle, alors, et alors seulement, je prends conscience que j'ai fait une gaffe. Énorme. Le cœur battant, je plante Jacquot sans un au revoir, je prends mes jambes à mon cou. Dans la rue Cauchy, je tombe sur Marie-Thérèse affolée. Où étais-je ? Chez un copain. Ça, mon bonhomme, tu vas l'expliquer à maman. Tu te rends compte que tu es parti sans rien dire ? Tes sœurs et moi nous te cherchons depuis des heures dans tout Arcueil.

Arrivée à la maison. Maman me regarde, peut-être soulagée, mais surtout sévère. Où étais-tu ? Je replace mon mensonge. Mais ma mère ne se paie pas de mots. Elle m'aligne une beigne. Je finis par lui avouer la vérité. Et c'est la fin du monde. Outrée, indignée, humiliée, maman m'assaisonne de gifles. Au cinéma ! Au cinéma d'Arcueil ! Le soir de l'enterrement de ton père ! Mais qu'ai-je fait au bon Dieu pour avoir enfanté un tel monstre ? Tout le monde t'a vu, petite vermine ! Nos amis, mes clients, ceux qui étaient à l'église et au cimetière ce matin ! Tu te rends compte ? Et paf ! et paf ! Je pleure, j'essaie de me protéger, je demande humblement pardon, maman ! Arrête, maman ! Je ne le ferai plus jamais ! Quoi, « plus jamais » ? Tu imagines avoir d'autres pères à enterrer ! Entre les gifles, inondé de larmes, je prends enfin la mesure de ma faute. Être parti de chez moi sans prévenir, passe encore. L'horreur, c'est de m'être exhibé dans un cinéma, au vu et au su de tout le quartier, d'avoir infligé cette indignité à ma mère. En bonne chrétienne, tout de noir vêtue, elle me bat pour faire entrer dans ma caboche un remords déjà bien installé. J'encaisse par esprit de pénitence. Ton pauvre père ! S'il te voit du haut du Ciel… Et moi, pour qui vais-je passer aux yeux de mes clients ? Au bout d'un quart d'heure, ma mère, fatiguée, mortifiée, à peine soulagée, m'envoie au lit.

Enfoui sous les draps, secoué de tremblements, habité par la honte, m'abreuvant de larmes, je prie notre Père qui êtes aux cieux pour qu'il fasse mourir le fils indigne, l'impardonnable pécheur, dans la nuit.

2

L'homme qui venait du Nord

Mon père mort, je me suis longtemps complu dans l'indifférence à son terroir. L'obsession généalogique n'avait aucune prise sur moi et « l'âme paysanne » chantée par Émile Verhaeren me laissait froid. Enfant de la banlieue, né dans une clinique du XIVe arrondissement, dont la rue, livrée depuis longtemps aux bulldozers, avait été rayée des cartes de Paris, je me flattais même d'être, entre ville et campagne, de ce *no man's land* hérissé de palissades, troué de terrains vagues et de mares stagnantes, semé de pavillons à chiens méchants, de jardinets aux tristes salades, d'enfilades de bistrots et de blocs de HLM en briques rouges : je voulais être neuf. Barrès aurait vu en moi un « déraciné », mais moi je me plaisais à l'idée justement d'être sans racines, sans lest, sans ascendance et sans héritage.

Je ne savais pas grand-chose de la famille de mon père. Parfois, un oncle, une tante, un cousin, débarquaient à Arcueil, étape recommandée sur le chemin de Lourdes, où ils faisaient leur pèlerinage en bons dévots. Incrédule, je regardais leurs visages couperosés par le vent, j'écoutais leur accent d'une autre planète, je m'étonnais de leur chauvinisme régional. Une fois, un de mes cousins, Gérard, me révéla qu'un Winock originaire de Saint-Omer ne saurait, comme je le faisais en toute innocence, soutenir l'équipe de football de Lille (le LOSC), appartenant au département du Nord : un Winock devait réserver son enthousiasme au seul Racing Club de Lens, fleuron du Pas-de-Calais. Ma trahison tenait surtout à une grande incertitude géographique. Je me dis, à cette occasion, qu'il me faudrait, un jour ou l'autre, visiter le pays de mon père ! Des décennies passèrent avant que je ne réalise ce vœu.

Le Nord avait naguère deux visages : une gueule noire et une tête de chou. D'un côté, les mines, les hauts-fourneaux, le drapeau rouge ; de l'autre, les champs, les marais, les cantiques. Mon père était du côté tête de chou, celui qui d'ailleurs a le mieux résisté.

Je découvris en Saint-Omer, sa ville natale que je voyais pour la première fois, une jolie ville endormie. J'appris qu'au XIVe siècle, du temps de sa splendeur, elle comptait 35 000 habitants ; plus tard, notamment lors de la révolution industrielle qui a transformé le Nord, elle en avait perdu les deux tiers, la municipalité ayant refusé d'être un carrefour ferroviaire, au profit de Hazebrouck. Quand elle se rendit compte que le chemin de fer était la voie sacrée du développement, c'était trop tard. La ville y a gagné une tranquillité, un air propret, un aspect muséographique tout à fait adaptés à ma mission de touriste en quête de ses racines. J'ai admiré la cathédrale gothique, le canal de Neufossé (près duquel vivait ma famille paternelle), les ruines de l'abbaye Saint-Bertin (faut-il que les Français en aient eu marre des curés pour être si vandales !), la grande place Foch, l'hôtel Salandin, la fontaine de Nézot et j'en passe. De la présence espagnole, au XVIe et au XVIIe siècle, rien ne subsiste. A côté des nombreuses façades à pas de moineaux de style flamand, Louis XIV a tenu à marquer dans la pierre sa grandeur inégalable, sa reconquête de l'Artois et son entrée triomphale dans la ville le 30 avril 1677 en faisant construire des bâtiments à la française : en témoigne, au fronton du tribunal, due à Mansart, son orgueilleuse devise : « *Nec pluribus impar.* »

A la bibliothèque municipale, la conservatrice connaît vaguement mon nom. Quelques jours après notre rencontre, elle m'adresse à Paris le résultat de ses recherches auprès de l'état civil. Quelle n'est pas la stupeur du fils d'épicière et de receveur d'autobus de voir que sa lignée paternelle remonte à un certain Martin Winock, né en 1717. Lors d'une nouvelle visite, je gravis quelques échelons dans l'échelle du temps en découvrant que ce Martin était fils de Marc, lui-même fils de Jean, ce qui nous conduit au milieu du XVIIe siècle, sous Philippe IV d'Espagne. Autre étonnement, tous mes aïeux mâles sont nés à Saint-Omer, se sont mariés à Saint-Omer, sont morts à Saint-Omer (sauf mon père) et ont la même profession : maraîchers.

Saisi, lors d'un troisième séjour, d'une fièvre généalogique inattendue, je m'enfonce dans le détail des archives. J'y découvre que mon grand-père paternel a vu le jour le 19 mars 1855 (c'est-à-dire sous Napoléon III, pendant la guerre de Crimée). Il se prénomme Pierre Joseph, mais signe simplement Joseph, comme l'atteste le registre des mariages de l'année 1881. Cette année-là, il épouse Marie Catherine Debast qui, elle, signe Marie. Merveille ! je descends en droite ligne de Marie et Joseph. Un Joseph plus entreprenant que celui des Évangiles, puisque ma grand-mère Marie subit onze grossesses, en dix-sept ans.

En arrivant à Saint-Omer, je ne savais pas quel était le numéro de mon père dans la suite des brassières. Les registres d'état civil, accessibles à la bibliothèque municipale (jusqu'à l'année 1892) et à l'hôtel de ville (à partir de 1893), me livrent les dates de naissance successives de mes oncles et tantes – tous morts depuis des lustres. L'aîné, Albert, naît en 1882 (sous Jules Ferry) ; Rémy, en 1883 ; Eugène, en 1885. Marie souffle un peu : elle n'accouche qu'en 1888 de sa première fille : une autre Marie. Puis le rythme rapide des grossesses reprend : Joseph, en 1890 (qui meurt en 1895) ; Marcel, en 1891 ; des jumeaux, René et Gaston, en 1893 (qui ne vivent que quelques semaines) ; Jeanne, en 1895 (rappelée à Dieu la même année) ; Gaston, mon père, en 1896 ; Julien, né (et mort) en 1897 ; enfin Lucien, en 1899.

Sur douze enfants, quatre s'éteignent dans leur première année, un avant cinq ans. Mon père aura donc eu une sœur et cinq frères vivants. Malgré la surmortalité infantile, ça fait quand même une famille de sept enfants, un chiffre courant au début du siècle, dans ce milieu-là, qui ne connaît aucune pratique contraceptive. Ici, où les enfants naissent pour de bon dans les choux, le condom est inconnu et le *coïtus* jamais assez vite *interruptus.* Dans le cas de mes grands-parents, comme dans celui de leurs voisins, les limites à la prolificité naturelle tiennent d'abord à l'âge relativement tardif de la jeune fille à son mariage. Ma grand-mère convole à vingt-trois ans, ce qui soustrait quelques années aux travaux forcés de la reproduction. L'allaitement maternel espace lui aussi les grossesses. Mais la suprême limitation du cercle familial est la mort. Dans les faubourgs où habitent les miens, on passe une grande partie de son temps à suivre l'enterrement des nourrissons – ceux de la parentèle, des voisins, des amis –, emportés par les maladies infantiles, la diphtérie, la variole, la déshydratation due à la « diarrhée verte ». De cette histoire de l'homme et de la femme devant la vie et devant la mort, j'avais une connaissance livresque. Ce fut un choc que de la vérifier dans ma propre famille et d'apprendre que ma grand-mère non seulement avait perdu cinq enfants en bas âge sur douze, mais que, harassée par ces grossesses répétées, elle était morte en 1912, à cinquante-quatre ans.

Dire qu'à l'époque de mes grands-parents, les démographes sonnaient l'alarme : la France se dépeuple ! De fait, dans la majorité des familles, on freine, comme on peut, la production des marmots. Mais, ailleurs, le « Croissez et multipliez » reste la règle, notamment chez les maraîchers, si respectueux des commandements de l'Église.

Je ne peux m'empêcher de penser que je dois la vie, pour le meilleur et pour le pire, respectivement au dixième et au quatrième rejeton de mes familles paternelle et maternelle, au fait que l'un et l'autre ont audacieusement poussé leur progéniture jusqu'à un sixième enfant. Mon existence *in extremis* me paraît, du coup, bien aléatoire. Pur fruit d'une catholicité antimalthusienne aujourd'hui révolue, j'ai conscience de ma relativité, grain de sable hasardeux parmi les grains de sable. Mgr Bourdaloue, grand orateur sacré, nous conseille de penser toujours à la mort pour atténuer les risques de notre suffisance. Moi, c'est plutôt le non-être auquel j'ai échappé d'un cheveu qui me ramènerait à la modestie.

Lors de mon séjour, des cousins m'emmènent visiter le marais de Saint-Omer. J'enfile des bottes de caoutchouc et me voilà propulsé en plein cours de géographie. Couvrant 3 500 hectares, surplombée par les 60 mètres de la retombée crayeuse de l'Artois, au sud-ouest, et les 25 mètres des collines argileuses de la Flandre, au nord-est, cette vaste dépression correspond au cours moyen de l'Aa, fleuve bien connu des cruciverbistes, depuis Arques au sud jusqu'à Watten (prononcez Watt') au nord. Jadis, on cherchait en vain le cours noyé de l'Aa dans cette immense nappe d'eau. C'est aux grands abbés carolingiens, mais surtout aux abbés de Saint-Bertin, au XIe siècle, que l'on doit sa transformation en beaux champs cultivés : pendant plusieurs siècles, les hommes ont fait émerger la terre, drainé, endigué, défriché des parcelles, creusé des canaux, construit des moulins, des digues, des vannes. Non sans conflit entre seigneurs et abbés, pêcheurs et cultivateurs, au profit finalement des maraîchers qui, dès le XIIe siècle, s'organisent en *wateringues*, des cercles de propriétaires qui assument la création et l'entretien des canaux. L'aménagement du marais n'est vraiment réalisé qu'au XIIIe.

En regardant ce paysage, je lis encore son histoire et son économie dans la géographie de ces polders, où de longues lanières de terre fertile alternent avec des fossés aquatiques, des *watergangs*, chemins d'eau que survolent chaque saison les oiseaux migrateurs. J'ai beau ne pas savoir reconnaître une fane de radis d'un bouquet de persil, je sais qu'ici artichauts, poireaux, carottes, oignons, navets, endives, choux et surtout choux-fleurs poussent à l'envi et sont rapidement acheminés vers Gravelines et la mer grâce aux canaux de navigation, issus de l'Aa et de l'Aa lui-même canalisé. Toutes ces parcelles me signalent que le marais est réparti entre une foule de petits propriétaires, visiblement prospères. Le prix de la terre connaît une hausse sensible ; sa valeur locative compte parmi les plus élevées du Pas-de-Calais.

Je ne suis pas étonné d'apprendre que, jusqu'à la Seconde Guerre mondiale, on appelait les paysans du marais des « jardiniers ». De fait, ils hersent, bêchent, plombent les mottes, épandent l'engrais à l'arrosoir ; une attention constante mobilise tous les membres d'une famille, éventuellement aidés d'un journalier quand la superficie dépasse un hectare. Au tournant des XIXe et XXe siècles, au moment où mon père apprend à lire, le chou-fleur est le grand bénéficiaire de ces soins méticuleux : on en cultive 9 000 à l'hectare, vite expédiés sur les marchés du Nord et de Paris.

Les jardiniers habitent les deux faubourgs du nord de Saint-Omer : le Haut-Pont et le Lyzel. Ma famille paternelle, comme les autres, est flamande, catholique et endogame. C'est une société de reproduction fermée sur elle-même. En escaladant les branches de mon arbre jusqu'au XVIIe siècle, n'ai-je pas rencontré un Jean Winock déjà jardinier ? Ces gens-là, à la fois méfiants envers l'« étranger » et soucieux de leurs intérêts de propriétaires, se marient entre eux, au point d'alarmer les évêques qui, dès le XVIIIe siècle, interdisent les mariages consanguins au-dessous du 4e degré de parenté. L'anthroponymie atteste aussi l'endogamie : une majorité de gens se dispute une dizaine de patronymes comme Debast (nom de ma grand-mère) ou Winock. Ainsi, la coutume voulant, dans la région, qu'on désigne le couple conjugal par les noms du mari et de la femme réunis, mes parents recevaient chaque année des cartes de vœux signées « Berteloot-Berteloot ». Pas étonnant : plus de 200 familles de maraîchers se partagent ce nom-là au début du siècle. Il faut souvent recourir aux sobriquets pour distinguer les homonymes.

C'est au XIe siècle que les patronymes se sont répandus. Jusque-là, on s'appelait par son prénom : Albert, fils de Jules. Peu à peu, chaque famille a choisi un nom de métier, de lieu, ou encore un sobriquet, ou simplement le prénom adopté comme patronyme. Winock d'ailleurs était jadis un prénom, hérité d'un saint d'origine irlandaise, évangélisateur de la Bretagne. Avec quatre autres moines, il établit un monastère à Wormhoudt, où il mourut vers 715 ; en son honneur, on construisit une abbaye à Bergues, au sud de Dunkerque, où son corps fut transporté. De ses bâtiments, victimes de ce que l'abbé Grégoire a nommé le vandalisme révolutionnaire, il ne reste que quelques ruines.

Quand je lus *Souvenirs d'enfance et de jeunesse* de Renan, né à Tréguier, je ne fus pas peu fier de voir qu'il parle de mon saint tutélaire qu'il orthographie d'ailleurs *Winnoch*. Là encore, rien d'étonnant : l'orthographe du nom ne s'est fixée qu'au XIXe siècle comme je le constate dans les registres d'état civil où je relève des Winoc (ou Winnoc), des Winocq (ou Winnocq), des Winock (ou Winnock). Dans un même acte, on peut même trouver deux orthographes différentes, pour le père et pour le fils. Si mes oncles jumeaux avaient survécu, peut-être se fussent-ils respectivement appelés Winoc et Winock, à la manière de Dupont et Dupond.

Un autre signe de l'endogamie m'est fourni par l'annuaire où je constate que les Winock sont nettement concentrés dans le Pas-de-Calais. C'est que, outre leur travail et leurs intérêts spécifiques, les jardiniers forment une communauté flamande dans une ville majoritairement artésienne jusqu'au recensement de 1911. Les termes géographiques et techniques du marais sont eux aussi d'origine flamande, notamment le nom des quatre principaux marais entourant Saint-Omer : Westbrouck, Nortbrouck, Ostbrouck et Zutbrouck. Certes, après le rattachement à la France, le roman mâtiné de patois s'est peu à peu imposé : la chronique locale note que les prédications en néerlandais dans les églises du coin ont définitivement cessé au milieu du XVIIIe siècle. L'héritage se maintient pourtant dans les patronymes et la toponymie aux assonances germaniques, aux lettres ignorées de l'alphabet latin, dont le *w* (Wœstine, Watten, Wulverdinghe) et le *k* (Merckeghem, Houck, Arneke), qu'on trouve réunies dans notre nom de famille.

Ces Flamands étaient catholiques fervents. Ainsi, si mon père ne parlait pas flamand, du moins était-il un vrai cul-bénit. Jusqu'à la fin de sa vie, il voulut consacrer le dimanche, « jour du Seigneur », à la prière et à la détente. En vain : ni son travail, ni le commerce de ma mère ne le lui permettront pendant longtemps, et ce sera un crève-cœur pour lui. Petit, il avait de quoi exercer sa piété à Saint-Omer, ancienne ville de moines, d'abbayes, de soutanes de toutes étoffes et de toutes couleurs, vrai refuge au moment des guerres de Religion : les nonnes et les tonsurés déboulaient de tous les clochers assiégés, y compris d'Angleterre. On y trouve encore trente-six couvents de capucins, clarisses, dominicains, carmes, ursulines, cordeliers, récollets, pénitents repentis, sœurs grises, sœurs noires, sœurs conceptionnistes, sœurs de Sainte-Catherine de Sion, religieuses de Sainte-Marguerite, urbanistes ou riches claires. Qui dit mieux ? Le clergé en était arrivé au XVIIe siècle à contrôler 30 % du territoire urbain. Comme ces biens échappaient à l'impôt commun, les échevins durent y mettre le holà, faute de quoi Saint-Omer serait devenue un vaste rassemblement de privilégiés du bénitier.

Ces religieux ont quand même le mérite d'ouvrir des écoles, et jusqu'à un collège anglais « Saint-Omer », en 1593, afin d'y former de vaillants missionnaires britanniques à la reconquête catholique de l'Angleterre. Cette institution doublait le collège de Saint-Bertin, dirigé plus tard par les jésuites, très réputé auprès des nobles et des bourgeois de toute la région. C'est là que le futur maréchal Pétain, né à Cauchy-à-la-Tour, pur produit de l'Artois, fit ses premières additions. Plus modestement, mon père avait appris à lire chez les Frères des écoles chrétiennes.

Garçon pieux, discipliné, sage, obéissant, assidu au « catéchisse », respectueux des commandements de l'Église et des sermons du curé, Gaston va non seulement à la messe mais encore aux vêpres tous les dimanches (il lui prendra de vérifier plus tard auprès de ses deux fils aînés s'ils connaissent les psaumes des vêpres par cœur). En 1906, à dix ans, il est témoin d'un des grands affrontements de la vie politique et religieuse de notre histoire, provoqué par la toute récente loi de Séparation des Églises et de l'État votée le 9 décembre 1905, laquelle est condamnée par le pape Pie X. Les biens d'Église échéant dès lors à des associations cultuelles, les agents de l'administration des Domaines doivent procéder à leur inventaire descriptif-estimatif dans chaque paroisse, en présence des « représentants légaux des établissements ecclésiastiques ». Bien des paroissiens et des membres du clergé crient au sacrilège, vitupèrent l'effraction des tabernacles, dénoncent la main du diable et opposent une résistance qui oblige les autorités à faire donner la troupe.

En cette circonstance, Saint-Omer, parmi d'autres villes, s'illustre par sa pugnacité catholique, apostolique et romaine. Ainsi, le lundi 22 janvier 1906, M. Le Prévost, sous-inspecteur de l'Enregistrement et des Domaines, arrive, col dur et habit, à la basilique Notre-Dame, porteur d'une commission rogatoire, afin de prendre date avec le curé de la paroisse pour procéder à l'inventaire des biens de l'Église. Solennels, les membres du Conseil de fabrique (chargés de l'entretien de l'église) et l'émissaire de l'archiprêtre remettent au fonctionnaire une protestation : en conscience, ils ne peuvent rester indifférents à l'exécution d'une loi inique à leurs yeux. Les choses se gâtent lorsque, en sortant de la sacristie, M. Le Prévost se voit entouré d'« une foule hurlante » qui défonce son chapeau, l'insulte, le bouscule puis le frappe à coups de pied et à coups de poing, agression qui le force à se réfugier à l'hôtel du Commerce, voisin de Notre-Dame. C'est seulement en début d'après-midi que les gendarmes dispersent la foule menaçante et délivrent M. le Sous-Inspecteur. Les vociférateurs ne sont évidemment pas là par hasard. Une circulaire, déposée chez eux quelques jours plus tôt par des membres de la Jeunesse catholique, les avait convoqués à un service solennel. Drôle de messe, en effet. C'est finalement avec l'appui de la gendarmerie que l'inventaire se fera, le 28 janvier, en la basilique Notre-Dame : des gendarmes à cheval et à pied, une escouade d'agents en civil sont nécessaires pour forcer le portail et permettre l'exécution de la loi.

De semblables incidents se produisent dans les autres paroisses de la ville. Le même prévôt, qui aura bien mérité de la République, doit officier le 27 janvier en l'église Saint-Sépulcre (épargnée par la démolition révolutionnaire en tant qu'ancien temple de la Raison). Il se fait prudemment accompagner d'un commissaire spécial dépêché de Lens, d'un commissaire de police, d'agents et de gendarmes. Utile précaution : des bigots, dépourvus de douceur évangélique, bloquent la porte à double battant ; d'autres, plus ou moins prêts au martyre, occupent le tambour du portail. Un premier assaut disperse le gros des croisés, mais une bande d'irréductibles dresse, à l'intérieur de l'enceinte sacrée, une barricade formée de plus de trois cents chaises et prie-Dieu, de bancs, d'une chaire roulante. Les gendarmes, ayant investi l'église par une autre porte, dégagent l'accès, mais les manifestants rempilent le matériel dare-dare. Le petit jeu s'éternise, la bagarre devient générale, les chevaliers de la foi hurlent, les pandores grondent, le bedeau sonne le tocsin, les gendarmes à cheval dispersent la foule accourue. Finalement, l'inventaire ne pourra avoir lieu que le lendemain.

Même tableau, trois jours plus tard, en l'église Saint-Denis, dont le portail est orné d'une gigantesque banderole : « Vive l'Église ! Vive Jésus-Christ ! » Là encore, il faudra reporter l'inventaire, en prévoyant des renforts.

La paroisse de mon père, l'église du Haut-Pont, est en proie au même charivari, fin janvier 1906. Il ne peut échapper au spectacle : gendarmes à pied et à cheval barrant les rues des faubourgs du Haut-Pont et de Lyzel, bandes de manifestants leur faisant la nique, arrivée en voiture de l'inspecteur de l'Enregistrement venu d'Arras, défense du portail de l'église, cris, bousculades… Force reste à la loi.

Gaston, pourtant, n'est pas au bout de sa peine, cette fois en tant qu'élève des Frères des écoles chrétiennes. En ces temps difficiles pour l'Église, la loi dite « du petit père Combes », votée en 1904, prévoit, elle, l'interdiction de l'enseignement à toutes les congrégations religieuses, applicable dans les dix années à venir. En 1906, c'est le tour de Saint-Omer. Un arrêté du 11 juillet, signé du ministre de l'Intérieur Georges Clemenceau, décide la fermeture des quatre établissements dirigés par les Frères, dont celui du Haut-Pont, que fréquente mon père.

Le départ des Frères pour les Pays-Bas constitue pour le petit garçon de huit ans un déchirement en soi. Qui plus est, son reclassement à l'école laïque est sans doute un traumatisme. A la rentrée des classes d'octobre 1906, *Le Mémorial artésien*, quotidien républicain de Saint-Omer, relève que les effectifs des écoles publiques de garçons ont sensiblement augmenté et déplore, perfide, que les anciens élèves des frères ignorantins « sont en général fort peu avancés pour leur âge ». D'après le même journal, l'école laïque du Haut-Pont passe de 91 élèves en 1905 à 131 en 1906. Parmi ces quarante élèves supplémentaires – théoriquement peu dégourdis –, il y a mon père, sans doute bien perdu et bien triste.

Certes, les écoles dites libres ont l'autorisation de continuer leur enseignement, mais sans maîtres « d'obédience congréganiste ». Résultat, selon le *Mémorial*, les effectifs passent, à Saint-Omer, de 500 à 278 : « un déchet vraiment formidable ». Le lendemain, *L'Indépendant*, quotidien des paroisses, donne la raison de ce déficit : les écoles catholiques n'ont admis, cette rentrée, que des enfants ayant « une mise parfaitement propre ». On imagine quelle polémique a pu suivre cette précision sur les mesures prophylactiques.

Malgré ces bouleversements, mon père obtient son certificat d'études en 1909. Aussitôt après, à treize ans, il va aider son père et ses frères au marais. Les journées de travail suivent le cours du soleil, longues en été, plus brèves en hiver. La famille dispose d'environ un hectare de terres éparpillées qu'on rallie dans des embarcations à fond plat, appelées « bacoves » ou « escutes » quand elles sont plus petites. Chaque habitation de maraîcher dispose d'un quai d'embarquement – comme à Venise ! –, au bout de ce qui sert soit de jardinet, soit de petite pâture où on élève une vache flamande pour le lait et le beurre.

La terre du maraîcher est d'excellent rapport à condition de la fertiliser sans arrêt avec de l'« engrais flamand », à savoir le produit des latrines additionné d'eau, remplacé au début du siècle par nitrate de soude, sulfate ammoniac, chlorure, sylvinites... On laboure avec des petites charrues tirées par un homme ou un mulet, on bêche, on herse, on roule la terre arrachée aux étangs, aux fossés, aux canaux. Un ou deux membres de la famille se chargent de vendre la récolte soit au grand marché de Saint-Omer, qui a lieu toute la journée du samedi, soit dans les environs à Arques, à Wizernes ou à Aire. Parfois, on embarque pour Gravelines, déplacement qui prend deux ou trois jours.

Dans cette société rurale et catholique, le repos est aussi sacré que le labeur. Repos dominical d'abord. Ce jour-là, on n'utilise aucun outil ; on s'habille, on se fait beau pour aller honorer le bon Dieu. Les nombreuses fêtes religieuses interrompent aussi le travail des champs : la Chandeleur, le Mardi gras, les Rogations, sans compter la Ducasse. A l'origine, c'est une fête religieuse qui commémore la dédicace de l'église, mais elle devient de plus en plus profane, avec manèges, loterie et barbe à papa.

En ce pays qui regorge de poissons et de gibier, on s'adonne bien sûr à la pêche et à la chasse de manière ludique ou utilitaire : les jardiniers invoquent volontiers la protection des récoltes pour tirer la poule d'eau, mais aucun ne se prive de chasser les autres oiseaux qui survolent le marais. Sans doute faute de fusil, mon père n'a jamais chassé. En revanche, il pêche avec un filet emmanché, procédé peu légal mais très répandu dans le marais. Il y prend des anguilles, mais aussi des tanches et des brèmes quand elles frayent. D'aucuns, dans l'Audomarois, sont des pêcheurs professionnels qui expédient leurs brochets vers Paris, en leur mettant un sucre dans la gueule pour qu'ils tiennent jusqu'au terminus.

Élevé dans cet univers protégé et fermé, sans grande distraction sinon la pêche, Gaston a eu une enfance rude, rangée, une jeunesse sage. C'est un jeune homme profondément croyant, respectueux des jours maigres, sérieux, chaste et soumis, depuis la mort de sa mère quand il avait seize ans, à la seule et sévère autorité de son père.

Lors de la déclaration de guerre, ses quatre frères aînés, Albert, Rémy, Eugène et Marcel, sont aussitôt mobilisés et gagnent leur unité dans les premiers jours d'août 1914. Gaston reste avec son père qui a cinquante-neuf ans, sa sœur aînée Marie et son jeune frère Lucien. C'est sur ses épaules, plutôt frêles, que repose le gros du travail, à quelques dizaines de kilomètres du front. Les Allemands, qui occupent une partie du Nord, Lille, Roubaix, Valenciennes, Douai, ne parviennent pas jusqu'à Saint-Omer, où s'installe l'état-major de la *First Army*.

Au mois de mars 1916, un gendarme apporte la nouvelle : Rémy, soldat au 8e régiment d'infanterie, conducteur à la Compagnie de mitrailleuses de la 4e brigade, classe 1903, est mort à la suite de ses blessures, à Chaumont-sur-Aire, dans la Meuse, le 4 mars, à deux heures du matin. Inhumé au nouveau cimetière de Chaumont, il laisse une veuve, Maria. Son aîné, Albert, mobilisé dans l'artillerie coloniale, rentrera indemne du grand carnage. Toujours célibataire, il épouse Maria, sa belle-sœur, qui restera donc une Winock.

L'année de la mort de son frère Rémy, Gaston a vingt ans, soit, théoriquement, l'âge de la relève. Cependant, l'année précédente, le conseil de révision a ajourné son incorporation. Itou en 1916, en raison de sa « faiblesse musculaire ». C'est que Gaston, pour son 1,74 mètre, n'atteint pas le poids limite des 50 kilos. Maigre « comme in sauret », selon l'expression locale, quand il est mobilisé en 1917, la commission de réforme de Boulogne verse ce « hareng saur » dans le service auxiliaire, plus précisément dans un escadron du train où il sera vaguemestre. Il apprend avec douleur, en septembre 1918, qu'un autre de ses frères est « mort pour la France » : Marcel, tombé au combat à vingt-sept ans, moins de deux mois avant l'armistice, à Sainte-Marie-à-Py, dans la Marne.

Comme Albert, Eugène s'en tire. Enrôlé dans un régiment d'artillerie lourde, il est envoyé en 1916 dans l'armée d'Orient, celle qui se bat dans les Balkans, d'où il rapportera une médaille commémorative serbe. Tout de même, le bilan est lourd : deux fils sur cinq morts au front, cela fait, en bonne comptabilité, 40 % de pertes. C'est plus que la moyenne : la France aura perdu 1,3 million de soldats sur 8 millions de mobilisés, soit 16,25 %, ce qui est déjà accablant. Plus que toutes les autres couches sociales, les paysans auront payé l'impôt du sang.

Maintenu sous les drapeaux après l'armistice, mon père retrouve le foyer paternel, à Saint-Omer, rue de la Poissonnerie, le 22 août 1919. Il est en « congé illimité de démobilisation ». Ça signifie qu'il reste « disponible ». La guerre est certes finie, mais de graves questions restent en suspens : la Conférence de la Paix ouverte le 18 janvier 1919, qui aboutit au traité de Versailles, a décidé de faire payer par l'Allemagne des Réparations, dont le principal bénéficiaire est la France. Cependant, les puissances de l'Entente n'ont fixé ni le montant ni les modalités de paiement. Une série de conférences se succèdent au cours de l'année 1920 à San Remo, à Boulogne, à Bruxelles, à Spa : toutes ces tentatives de règlement forfaitaire échouent. Les Allemands refusent les estimations de leurs vainqueurs, les choses traînent. Aussi le gouvernement français, pour faire pression, décide d'envoyer des troupes en Rhénanie, ce qui implique le rappel des disponibles. Mon père est versé « en affectation spéciale » dans les chemins de fer de campagne, au Bourget, où il arrive à la fin de novembre 1920.

Les événements politiques, si souvent déterminants sur les destinées individuelles, pèsent parfois au moment où l'on s'y attend le moins. C'est ainsi que l'histoire des relations internationales bouleverse la carrière d'un jardinier. Au Bourget, là où on l'envoie – ç'aurait pu être à Metz ou à Lunéville –, il rencontre une jeune fille, Jeanne. Elle est serveuse dans une grande épicerie-buvette, fréquentée par les soldats et les aviateurs qui l'appellent affectueusement Jeannette.

Je vois cet homme du Nord, ce catholique du marais, ce jardinier timide auprès des femmes comme un enfant de chœur, ce soldat à peine aguerri par la der des ders en train de s'amouracher. Ou plutôt, pudeur oblige, je l'imagine se dire que cette demoiselle avenante et rieuse ferait une bonne épouse et une bonne mère de famille.

Les choses ne traînent pas. Ils se marient au début de février 1921. Le 5 avril, Gaston est démobilisé pour de vrai. Une nouvelle vie commence. Non seulement il a pris une épouse, mais il dit adieu aux poireaux, endives, oignons et autres choux-fleurs ! Ce n'est pas de gaieté de cœur. Il y serait bien retourné, mais la terre familiale, déjà fort occupée, ne saurait nourrir un couple supplémentaire. Il fait ce qu'aucun Winock n'a fait d'aussi loin que remontent les archives : il abandonne son marais, sa famille, son métier de jardinier et émigre dans cette région parisienne où il se sent comme un mulet dans un vélodrome. C'est un déracinement total. Mais Jeanne, gracieuse autant qu'énergique, est à ses côtés : l'avenir leur appartient.

3

Jeanne

La France de 1920 est un immense cimetière, aux allées sillonnées de femmes en noir. Maintes veuves ont à peine connu leur mari et beaucoup n'ont plus qu'un souvenir évanescent de leur vie de couple. Les hommes célibataires, survivants du grand carnage, sont rares. Triste compensation : ils ont l'embarras du choix pour se marier. Mon oncle paternel, Albert, on l'a vu, ira moins loin que personne pour trouver une épouse : il lui suffit de frapper à la porte de sa belle-sœur, confirmant ainsi la règle d'endogamie du marais. Mon père, en revanche, profite du fait d'être arraché à son milieu pour gagner le cœur d'une jeune fille, loin du bercail.

Contrairement à Gaston, citadin des champs, paysan de la ville, Jeanne est une vraie villageoise. Elle est née le 16 janvier 1901 à Louvres, alors commune de Seine-et-Oise (aujourd'hui dans le Val-d'Oise), au nord-ouest de l'actuel aéroport de Roissy, dans la Plaine de France céréalière. Sa mère, Jeanne Dussaule, Fieffé de son nom de jeune fille, en est à son quatrième accouchement depuis son mariage en 1894. Après son premier-né aussitôt mort d'un traumatisme néonatal, elle a donné naissance à Eugénie en 1896 et à Maurice en 1898. Conformément aux pratiques de l'époque, elle fait toujours ses couches chez elle. Prévenu aux premières douleurs signifiantes, l'unique médecin de la commune et des environs, le Dr Bruel, arrive en calèche, à peine précédé par la sage-femme, Adèle Dussaule, qui n'est autre que la belle-mère de la parturiente, donc mon arrière-grand-mère. Fille mère, elle avait eu un fils d'un ouvrier saisonnier déjà marié, reparti dans sa Picardie natale. Adèle ne sait ni lire ni écrire, mais connaît parfaitement son travail : alerté par sa mine dégourdie, le Dr Bruel l'a arrachée à la ferme où elle servait pour lui apprendre les rudiments de l'obstétrique.

A Louvres comme dans la plupart des régions de France, le contraste démographique est frappant entre les familles. Dans cette région assez détachée de l'Église, les commerçants, les notaires, les propriétaires terriens, les fonctionnaires en restent à l'enfant unique, deux au maximum, et souvent même n'en ont pas du tout. Les ouvriers agricoles comme mon grand-père sont, eux, aussi prolifiques que les ouvriers d'usine. En 1920, ma grand-mère Jeanne (même nom que ma mère) et mon grand-père Étienne Dussaule comptent neuf enfants vivants : six filles (Eugénie, Jeanne, Alice, Lucie, Yvonne, Andrée) et trois garçons (Maurice, René et Georges). Outre l'aîné mort à la naissance, un autre garçon, Marius, est emporté à trois ans par une broncho-pneumonie, alors que ma mère avait huit ans. Ainsi, neuf enfants devenus adultes sur onze du côté Dussaule, contre sept sur douze du côté Winock : à croire que l'air était plus sain dans les champs de la Plaine de France que dans les marais de l'Audomarois.

Étienne Dussaule, le père de ma mère, était un gaillard. Né en 1870 à Puiseux-le-Hauberger, arrondissement de Senlis, dans l'Oise, il travailla un temps au ballastage des voies de chemin de fer. Sa pugnacité, lors d'une grève, interrompit sa carrière. Certes, le droit de grève était reconnu, et même depuis 1864, mais les agitateurs, les turbulents, les coriaces, les durs à cuire, le patron en général, les compagnies des chemins de fer en particulier, découvraient toujours le moyen légal de les vider. Bref, après cet épisode, mon grand-père Dussaule se retrouve ouvrier agricole dans une de ces grandes fermes de la « Brie » qui, au-delà de la référence géographique du mot, couvre les quatre départements de Seine-et-Oise, Seine-et-Marne, Oise et Aisne. Il devient manouvrier, notamment « pailleux » : plusieurs matins par semaine, très tôt, il conduit une charrette de paille, de Louvres à Pantin, soit une vingtaine de kilomètres. A pied ! car il est interdit de monter à cheval si on ne veut pas encourir une contravention, infligée par les gendarmes. Et en chiquant, car il est interdit de fumer, d'où les expressions « jurer comme un charretier » et « chiquer comme un pailleux ». De Pantin, où il livre son chargement, il revient à Louvres, en faisant étape dans une auberge pour se restaurer. Il travaille sept jours sur sept, car le dimanche est consacré au pansage des chevaux, le tout pour environ 3 francs par jour. Sans aucunes vacances, on s'en doute.

Bel homme aux yeux bleus, grand et fort, mon grand-père Étienne, malgré sa condition prolétarienne, est surnommé par ses concitoyens « le Marquis ». Un sobriquet dû à sa prestance physique, mais surtout à son insolence d'insoumis et à son charisme : c'est un meneur d'hommes, une forte tête, un esprit indépendant, qui ne se laisse pas impressionner. On racontait qu'un soir de libation de fin de semaine il était tombé sur deux gendarmes qui lui cherchaient noise et les avait jetés sur un tas de fumier.

Un geste audacieux, car la société rurale dans laquelle Jeanne est née et a passé son enfance reste très hiérarchisée. Le châtelain, M. Fessard-Baldé, domine la pyramide sociale. Rentier, habitant son château (vendu depuis à la SNCF et transformé en centre de formation), il est servi par une cuisinière, une femme de chambre et un jardinier. Ce hobereau, sacrifiant volontiers aux servitudes de son rang, se fait le protecteur, bienfaiteur et donateur de la paroisse Saint-Justin.

En dessous, on trouve les propriétaires de coquettes maisons bourgeoises : fabricants d'épingles, entrepreneurs de passementerie, artisans de petits ateliers. L'un d'eux, patron d'une briqueterie, est le maire de Louvres, un républicain, un laïque, peut-être radical-socialiste, pour lequel vote mon grand-père.

Ensuite viennent les gros fermiers dont « le Jockey », ainsi surnommé parce qu'il surveille ses ouvriers à cheval.

Suivent les autres notables : le médecin et son cheval, le pharmacien, le notaire, deux bouchers, un charcutier. Enfin, la piétaille des salariés agricoles et des valets de ferme. La France à l'heure de son clocher.

Dans cette organisation, l'hospice de Louvres, les Quinze-Vingts, détient à lui seul une grande part de la terre de cette région d'agriculture capitaliste qui recrute la main-d'œuvre sous la direction des fermiers. L'un d'eux, Fossier, gère en plus l'auberge du Cheval blanc. Le riche fermier chez lequel mon grand-père Dussaule sera longtemps employé s'appelle Baron, ce qui fait bien rire : un marquis au service d'un baron !

L'agriculture de cette France des grands céréaliers tranche avec les normes répandues ailleurs de la petite et moyenne propriété paysanne. Ce sont des exploitations atteignant jusqu'à 300 hectares, dirigées par des fermiers, véritables entrepreneurs capitalistes, sur des terres louées à des propriétaires rentiers. En juillet 1906, *Le Briard*, journal régional de tendance radicale-socialiste, écrit que « ces hobereaux font peser sur leurs ouvriers une véritable tyrannie morale ; il y a certaines fermes où l'ouvrier n'est pas libre de lire le journal qui lui convient, si ce journal n'a pas d'opinions réactionnaires. Et pendant la période électorale, les gros fermiers ne se gênent pas pour faire pression sur les ouvriers ».

Dans ces fermes, la main-d'œuvre est répartie en deux groupes : mon grand-père appartient aux journaliers, payés à la journée comme le nom l'indique, rentrant le soir chez eux ; l'autre groupe est celui des valets et filles de ferme, logés et nourris sur place. Les salaires sont bas : un journalier gagne, en moyenne, 3 francs l'été (soit un peu plus de 10 euros de 2002), 2,50 francs l'hiver, pour 13 heures de travail quotidien, et plus encore au moment de la moisson (un mineur de charbon reçoit le double). Les femmes – il y en a – touchent moitié moins. A ce contingent s'ajoutent les saisonniers, au moment des gros travaux. Mon grand-père, à l'époque où il travaille chez Baron, va chaque année chercher à Dunkerque, dès leur descente de bateau, les ouvriers polonais qui viennent s'embaucher pour la saison agricole, du printemps à l'automne.

Les domestiques sont payés généralement au mois : 110 francs (375 euros), plus les avantages en nature. Avantages très relatifs : « Pour nourriture, déclare l'un d'eux à un journaliste, nous avons du porc d'un bout de l'année à l'autre, du pain de troisième qualité – même pas du pain bis –, du cidre aigre et comme fromages tous ceux qui ne peuvent se vendre. » La presse, en effet, commence à s'intéresser aux conditions de vie des 175 000 ouvriers agricoles de la Brie au moment des grandes grèves de 1906, auxquelles participe mon grand-père. On apprend alors que les domestiques agricoles dorment sur des lits superposés, garnis de mauvaises paillasses, dans les étables et les écuries malsaines : « Les ouvriers respirent un air vicié par les émanations qui se dégagent des déjections et de la transpiration des animaux. Dans ces taudis, une saleté repoussante : de vieilles couvertures militaires humides et des draps changés environ tous les trois mois… »

Ces conditions de vie auraient dû provoquer depuis longtemps la révolte. Mais ces ouvriers des champs, trop éloignés les uns des autres, dépourvus d'organisation syndicale, soumis à l'autoritarisme des fermiers, peu familiers avec la grève, contrairement aux ouvriers d'usine ou d'atelier, se résignent à leur sort sans trop réfléchir à l'améliorer en affrontant leurs patrons. Tout commence à changer en 1906, une année dont tout le monde se souviendra pour une raison ou pour une autre. Elle commence par les troubles consécutifs aux Inventaires des biens de l'Église, comme on l'a vu à Saint-Omer ; elle est marquée par la catastrophe des mines de Courrières, qui déclenche une vague de grèves sans précédent dans tout le pays ; c'est aussi l'année où la CGT énonce les principes de son « syndicalisme révolutionnaire » dans la charte d'Amiens, et où Georges Clemenceau, alors ministre de l'Intérieur, s'impose en « premier flic de France » face aux syndicalistes. Enfin, c'est une année d'élections législatives.

Les salariés agricoles prêtent enfin l'oreille à la revendication des 8 heures de travail par jour amorcée par les ouvriers d'usine et d'atelier : c'est le thème fondateur de la grève du 1er mai depuis 1890. Les agriculteurs du Midi, les bûcherons du Centre, les horticulteurs de Paris, à l'avant-garde des mouvements ruraux, s'organisent déjà en syndicat. Tout cela fait réfléchir. Des ouvriers agricoles plus avertis que d'autres, au rang desquels le Marquis, entreprennent au début de 1906 de rallier leurs camarades à leur lutte pour obtenir des augmentations de salaire, un jour de repos hebdomadaire complet, un logement plus décent pour les domestiques, etc. L'approche des élections de mai 1906 paraît aux meneurs l'occasion rêvée d'accélérer le mouvement.

En mars, une grève est lancée à Gonesse, dans l'arrondissement de Pontoise. De là, elle fait tache d'huile, gagne la Seine-et-Marne. Une girandole de grèves crépite d'une commune à l'autre. Le 8 mai, la grève éclate à Mitry-Mory, non loin de Louvres. Mon grand-père Dussaule, toujours intrépide, entraîne alors la trentaine d'ouvriers de la ferme à cesser le travail à leur tour. Dans ces circonstances, le Marquis est à son aise : sa voix, ses épaules, son air décidé en font un agitateur irrésistible. L'emmerdeur type aux yeux du patron. Le fermier, ayant lâché quelques concessions, enrage en voyant que ses ouvriers ne reprennent pas aussitôt le travail. Sans doute à cause de cette grande gueule de Dussaule qui souhaiterait probablement faire encore monter les enchères. Il faut en finir. Comme tous les gros fermiers de l'époque, il apprécie peu cette mise en demeure de ses salariés. Certes, la Brie avait connu jadis, au XVIIIe siècle, de véritables luttes de classe, ces « bacchanales de moisson » mettant aux prises fermiers et ouvriers saisonniers. Mais, de mémoire d'homme, il n'y avait plus eu de grève. *Le Briard*, déjà cité, décrit dans un de ses numéros de septembre 1906 l'état d'esprit de ce type d'entrepreneur : « On se demande s'il n'existerait pas dans l'âme patronale agricole quelque survivance du mépris d'autrefois pour le travailleur des champs, si le patron d'aujourd'hui ne se figurerait pas un peu, comme le chef du domaine seigneurial d'autrefois, que l'ouvrier des champs est encore un être d'une classe absolument inférieure et quasi méprisable. »

Alors, un beau matin, la grève ayant assez duré à ses yeux, le maître rassemble son monde, ces rebelles, qu'il fait aligner devant lui sur un rang dans la cour de la ferme. D'une voix de *pater familias* outragé, il leur rappelle ce qu'il a déjà fait naguère en leur faveur, et les récentes augmentations. Aller au-delà constituerait la ruine pour lui, donc la misère pour eux. *In fine*, oubliant qu'il dirige une ferme et non une caserne, il enjoint ceux qui veulent poursuivre leur maudite grève de s'avancer d'un pas. Mon grand-père, nullement intimidé par ces manières d'adjudant-chef, avance, convaincu d'entraîner avec lui le gros de la troupe. Un coup d'œil à gauche, un coup d'œil à droite, le détrompent. Il est seul. « Dussaule ! crie le fermier triomphant, vous passerez à mon bureau ! » On devine le reste.

Le Marquis retrouve de l'ouvrage à la Compagnie des chemins de fer. Il y aurait, du reste, mieux gagné sa vie si, simple titulaire, il n'était débauché l'hiver, en raison de la suspension des chantiers. Il lui faut donc accepter d'être réemployé dans une ferme, au-dessous du tarif habituel. Du moins est-ce à plein temps. C'est pour lui une époque de vaches maigres, pour ne pas dire de misère noire.

Heureusement, ma grand-mère est passementière à domicile. Certaines personnes de Louvres vont prendre le travail à Paris, pour le répartir auprès des travailleuses sur place. Ma grand-mère coud donc, surtout pour les théâtres parisiens, des ganses, des franges, des galons, des tresses. Elle monte aussi des barrettes pour les cols de chemisiers à raison d'un franc la grosse, soit 144 pièces ; elle boucle une grosse par jour. Elle colle aussi des pois sur les voilettes. Tout cela se fait en grande partie le soir, quand les enfants sont au lit. Elle parvient ainsi à mettre deux-trois francs hebdomadaires de côté, pour obtenir des bons de la Semeuse. C'est que, chaque semaine, dans tous les villages, un courtier, son petit encrier et son porte-plume attachés à la poche de son gilet, passe ramasser les maigres économies des familles et inscrit le montant dans un grand livre. En échange, il donne des bons de la Semeuse de la Samaritaine. C'est ainsi que deux-trois fois l'an ma grand-mère part en expédition à la Samar. A son retour de Paris, les enfants l'attendent à la gare, d'autant plus impatients de la retrouver avec tous ses paquets qu'elle ne manque jamais de leur rapporter des croissants.

Les Dussaule habitent alors rue Aux Blés, une petite maison de quatre pièces, complétées par une espèce de cellier. C'est propre, ma grand-mère y veille, mais sans aucun confort : on tire l'eau à la pompe de la cour ; on s'éclaire à la lampe à pétrole ; on se chauffe grâce à la cuisinière et à un poêle à charbon. On se lave dans la cuisine, à l'eau froide. Une fois par semaine, les enfants participent au rite du bain dans un baquet, avec cette fois de l'eau chauffée dans la buanderie. Les habits sont simples : un tablier noir pour l'école ; un tablier blanc et un ruban pour le dimanche ; un « capulet » pour aller à la messe.

A trois ans, ma mère, Jeanne la petite, est mise à l'école maternelle, d'où elle sort en sachant lire et écrire. A six ans, elle entre à la « grande école » où une seule institutrice officie. Vieille fille, Mademoiselle Guillebert, qui a déjà fait la classe à ma grand-mère, a en charge trois divisions, dédoublées chacune en deux sections. Soit environ une cinquantaine d'élèves. Toutes des filles ! La première division fait réciter les leçons à la deuxième division, quand la maîtresse se consacre aux petites. Le soir, après la classe, Mademoiselle Guillebert rassemble les plus grandes à l'école du soir, pour les préparer au certificat d'études.

Tous les matins, en arrivant, Jeanne et les autres élèves passent à l'inspection : des souliers (cirés), des mains, des ongles et des oreilles (propres), de la coiffure (nette). Puis elles découvrent au tableau un proverbe, quelque maxime de morale à recopier dans leur cahier que la maîtresse commente, parfois de manière concrète, au moyen de souvenirs et d'historiettes. Cette femme, comme tous les instituteurs de sa génération, est profondément républicaine, laïque et patriote. Les manuels de lecture alors en usage sont ceux de G. Bruno, *Les Enfants de Marcel* et *Le Tour de France de deux enfants*. Ma mère, passé soixante-quinze ans, quand elle daignait répondre à ma curiosité, se souvenait encore de ces livres qui l'avaient marquée à jamais et lui avaient donné pour toujours le goût de la lecture. Un personnage de Georges Bruno, Mme Gertrude, disait ainsi au petit Julien :

« Julien, les écoles, les cours d'adultes, les bibliothèques scolaires sont des bienfaits de votre patrie. La France veut que tous ses enfants soient dignes d'elle et, chaque jour, elle augmente le nombre de ses écoles et de ses cours, elle fonde de nouvelles bibliothèques et elle prépare des maîtres savants pour diriger la jeunesse.

– Oh ! dit Julien, j'aime la France de tout mon

cœur ! Je voudrais qu'elle fût la première nation du monde.

– Alors, Julien, songez à une chose : c'est que l'honneur de la patrie dépend de ce que valent ses enfants. Appliquez-vous au travail, instruisez-vous, soyez bons et généreux ; que tous les enfants de la France en fassent autant, et notre patrie sera la première de toutes les nations. »

Quand j'ai appelé mon second fils Julien, j'imagine que ma mère a plus pensé à ce petit héros de son enfance qu'à mon oncle paternel.

Ce que ma mère, fille d'un commis agricole et d'une passementière, doit à l'école primaire de Jules Ferry, comme toutes les filles et les garçons de son âge, c'est cette éducation stricte, exigeante, ambitieuse ; à douze ou treize ans, l'âge du certificat d'études, on doit tout savoir : lire, écrire, résoudre des problèmes de robinets qui fuient ou de trains qui partent en sens opposé, calculer mentalement, connaître la géographie des départements, des chefs-lieux, situer le règne des grands rois, citer les dates de la Révolution, chanter par cœur *La Marseillaise*, avoir acquis la politesse, le respect des autres, les principes de l'hygiène et l'amour de la patrie…

En revanche, rien de l'amour tout court. Et pas plus à la maison qu'à l'école. Cette génération, ce milieu sont extrêmement pudiques. Ma mère ne verra jamais une seule fois ses parents s'embrasser. On ne se déshabille pas les uns devant les autres. On ne dit rien du corps : au moment de ses premières règles, Jeanne ne sait de quoi il s'agit que grâce à ses amies. Quand elle apprend la nouvelle, sa mère, sans autre explication, l'avertit qu'elle va lui acheter des serviettes à la Samaritaine. A son retour, elle tend un paquet de garnitures hygiéniques à sa fille, sans commentaire.

Pour le reste, l'école pourvoit à l'essentiel en matière d'éducation. Et si seule une minorité d'élèves domine entièrement l'orthographe et passe avec succès le certificat d'études, du moins tous en connaissent assez pour devenir un adulte et un citoyen. En ces temps pourtant austères, on sait aussi solenniser chacune des étapes de cet apprentissage. Ainsi, depuis qu'elle est enfant, le grand jour, pour ma mère, était celui de la distribution des prix, le deuxième dimanche de juillet, une réjouissance pour tout le village. Jeanne, comme tous ses congénères, se rend à l'école habillée sur son trente et un, propre comme un sou neuf, frisottée grâce aux papillotes posées la veille, les souliers lustrés. A grand renfort de tambours et de clairons, l'orphéon municipal et la fanfare des pompiers ouvrent le cortège qui s'étire de l'école au lieu dit « jeu d'arc », qui n'est qu'un grand pré où l'on a dressé une estrade décorée. Ceints de leur écharpe tricolore, le maire de Louvres et ses conseillers municipaux remettent les livres dorés sur tranches et les couronnes : vertes pour les cancres, blanches pour les élèves moyens, dorées pour les meilleurs ; du haut en bas du palmarès, chacun a droit à un coup de fanfare et à des applaudissements. Et le maire offre une tournée de chevaux de bois aux plus petits des enfants scolarisés ; en descendant tout étourdis, ils crient : « Vive monsieur le Maire ! » Tous les gamins sont heureux ; les vacances commencent.

Enfin, des vacances très occupées pour certains. Car août est le temps de la moisson. Mon grand-père s'y active de l'aurore au coucher du soleil. Jeanne et ses sœurs vont, plusieurs fois par jour, lui porter de l'eau, du café et du sucre. Une fois les blés coupés et bottelés, les enfants partent glaner dès que chaque fermier en donne l'autorisation par l'intermédiaire du garde champêtre. Il roule du tambour et clame : « Demain, rendez-vous pour le glanage à tel endroit. » Le lendemain, les petits suivent le garde champêtre qui fixe les « rigoles », à savoir la surface à glaner. Quand les épis sont ramassés, le garde crie : « On passe la rigole. » Et les enfants vont plus loin. De temps à autre, ils s'accordent une pause pour casser la croûte, puis ils s'y remettent pendant de longues heures de l'été brûlant. Le soir, il n'est pas rare que ma grand-mère houspille ses marmots dont la brouette ne lui semble pas assez pleine : « Comment ! c'est tout ce que vous rapportez de la glane ! Les Cornille, eux, sont un peu plus courageux que vous ! »

Le blé que mon grand-père a battu au fléau est entièrement vendu aux volaillers. Les Dussaule n'élèvent donc pas de poules. Le lapin, au contraire, tient une place importante dans leur économie domestique, pour le malheur de Jeanne qui, en rentrant de l'école, doit emplir chaque jour un panier d'herbe. Le jeudi, tout un sac. Le lapin est réservé au repas dominical. A défaut, ma grand-mère cuit un pot-au-feu. Car, chaque samedi, au nom de M. Baldé, le châtelain, la directrice de l'hospice distribue aux mères de famille nombreuse une miche de pain – qui est encore l'aliment de base – et de quoi confectionner un pot-au-feu. Ma grand-mère complète sa part en achetant pour 12 sous de morceaux chez le boucher. On ne boit jamais de vin, mais il y a du cidre à table le dimanche. Le reste de la semaine, on se contente d'un ragoût à 4 sous de lard et 2 sous de saindoux servis avec des légumes du potager familial. Mon grand-père voit parfois sa gamelle agrémentée d'une côtelette de porc ou de foie de génisse. On mange à cette époque des choses qui me semblent aujourd'hui incroyables, à peine bonnes pour les bêtes : du mou de porc ou, pour Eugénie, la sœur aînée de maman que le mou dégoûte, un demi-cœur.

A la fin du repas, on a parfois droit à un petit morceau de brie et, en guise de dessert, selon la saison, des pommes, des noix, quelques fraises écrasées avec du sucre qu'on étale sur une tartine. A quatre heures, Jeanne goûte d'une tranche de pain légèrement beurré sur laquelle sa mère râpe un peu de chocolat. On mange pauvrement, mais on mange toujours à sa faim.

Côté nourriture céleste, la religion n'occupe qu'une place limitée dans l'univers de Jeanne. Les Dussaule sont catholiques à leur manière, sans excès de piété. Bien loin des Winock. Ici, les hommes se méfient en général des prêtres et, en particulier, du confessionnal où les curés arrachent aux femmes les secrets de famille. Et puis, comme on dit dans la région, les prêtres sont du côté des nobles et des bourgeois. Du coup, si les enfants vont à la messe et au catéchisme, les parents ne plongent pratiquement jamais les doigts dans le bénitier, sauf à l'occasion des enterrements et, surtout, de la communion solennelle des enfants.

En voilà un événement. « Le plus beau jour de ma vie », dira ma mère. Pour y arriver, il ne faut pas rater le catéchisme enseigné le jeudi par des bourgeoises dévouées à la gloire de Dieu. Jeanne est d'autant plus zélée pour être la première au catéchisme que, chaque mois, à l'entrée de l'église, un panneau affiche le classement et les notes, comme à l'école. Les dames patronnesses cousent les robes blanches pour le grand jour, la même pour toutes, qui seront agrémentées d'un grand voile blanc tenu par une couronne. Évidemment, dans les familles nombreuses, on se repasse le tralala, comme le reste : Jeanne se plaint de n'avoir jamais rien porté qui n'eût appartenu d'abord à sa sœur Eugénie.

Ce grand jour, baignée par les notes de l'harmonium, Jeanne entre lentement dans une église pleine, prend sa place sur le banc désigné en baissant les yeux, suit la messe et se présente à la communion avec la ferveur des premiers chrétiens. A la sortie, elle reçoit, comme les autres, une brioche, puis se rend dans la cour du presbytère pour la photo de groupe. Tout aurait été parfait pour Jeanne, si sa mère ne l'avait grondée de n'avoir pas mis son chapeau pour ramasser les herbes : « Tu as l'air d'une moricotte, tu es toute noire ! »

Ensuite, on se retrouve pour le repas de communion qui sort un peu de l'ordinaire. Ma mère se souvenait qu'elle avait, pour la communion d'une de ses sœurs, mangé du gigot – luxe suprême. Dans l'après-midi, le petit monde en blanc et en costume retourne à l'église pour les vêpres où l'odeur de l'encens, la voix des récitants, les cantiques, la musique, concourent, après les agapes, à redonner à ce jour son caractère spirituel.

On l'a dit, la plupart ne reviendront à l'église que

pour les enterrements. Moins fréquents qu'on ne pense. Ces campagnards du début du XXe siècle sont solides. Un seul médecin pour Louvres et ses environs. La vraie peur est née à la fin de la Grande Guerre, lors de l'épidémie de grippe espagnole. La maladie et la mort deviennent alors visibles. En revanche, la mortalité en bas âge reste élevée, issue parfois de complications de maladies infantiles ou d'infections qu'on ne savait pas traiter. Maman s'est toujours rappelé avec tristesse la mort, à trois ans, de son petit frère Marius. On l'avait transporté à l'hospice, où on n'a pu le guérir d'une broncho-pneumonie. Eugénie l'avait veillé, et ma mère le revoyait encore, soixante ans après, si beau avec son petit burnous bleu ciel dans lequel on l'ensevelit.

Jeanne se souvenait aussi du décès de la fille du châtelain. Elle avait environ trente ans ; personne ne sut de quoi elle était morte. Tout le village défila au château pour signer le registre, assista à l'office puis suivit le cercueil, porté par six hommes, de l'église au cimetière. A la fin de la cérémonie, conformément à l'usage, le châtelain fit distribuer à tous les participants du pot-au-feu, en plus de celui du samedi.

Une société pauvre, mais paisible, tel est l'univers de ma mère dans son enfance. On ne parle pas de délinquants : les apaches ne troublent que les villes. Seuls certains chemineaux se livrent à de menus larcins. La plupart vagabondent pacifiquement de village en village à la recherche de petits boulots, de modestes aumônes. Ils s'arrêtent à Louvres pour travailler quelques jours dans une ferme, puis repartent, avec leur bâton et leur besace.

Ces paysans ne sont pourtant pas des petits saints. Au moment des moissons, des gars troussent les filles dans les meules, d'où quelques mariages forcés. Certains tutoient aussi volontiers la bouteille. A l'occasion, Étienne Dussaule, qui ne boit chez lui que de l'eau, sait lever le coude au bistrot, en fin de semaine, à l'insu de ma grand-mère. D'autres villageois se soûlent à leur façon. L'un d'eux, « Topinette », après des mois de tempérance, fait la noce pendant neuf jours. « Il fait sa neuvaine ! » disait-on, comme dans les romans de Simenon. De l'ivrognerie éruptive.

La vie du village connaît des réjouissances collectives, notamment le premier dimanche après le 14 juillet, consacré à la fête locale. Elle prend le relais de la paroisse qui, elle, honore en juin la Saint-Justin. Curieusement, Louvres possède deux églises, romanes, du XIe-XIIe siècle : à peine distantes de quelques mètres, Saint-Justin se flatte d'être l'église paroissiale, Saint-Rieul est devenu son clocher. On célèbre aussi la Fête-Dieu, le jeudi qui suit la Trinité, avec les reposoirs ornés de fleurs. Jeanne et les gamines de son âge, tout de blanc vêtues, coiffées de couronnes, sèment des fleurs devant la longue procession. En revanche, de manière franchement profane, le Mardi gras, les enfants se déguisent et vocifèrent : « A la chienlit ! » En 1968, le général de Gaulle remit le mot à la mode pour flétrir les manifestants et autres émeutiers du Quartier latin. 68 ou le carnaval politique. Enfin, réservée aux jeunes gens et typiquement républicaine, il y a la fête des conscrits. Tous les gars bons pour le service, revenus de Pontoise où ils ont passé le conseil de révision, commencent par faire la tournée des cafés en braillant, en jetant en l'air une canne major. Suit un bal bien arrosé, où ils vendent des brioches pour se payer un grand banquet avant l'appel sous les drapeaux.

Pour les conscrits, comme pour ma mère, les choses deviennent sérieuses en septembre 1913. Ayant eu douze ans en janvier, elle doit soit passer son certificat d'études dans l'année, soit quitter l'école, obligatoire jusqu'à treize ans, en juillet 1914. Mais elle devance l'appel : à douze ans et demi, elle décide de travailler, sans s'être présentée au certif' (sa mère, très orgueilleuse, aurait, dit-on, préféré cette dérobade à un échec). Nul ne chicane sur son âge. Jeanne est une grande fille, déjà pubère, qui fait plus que ses douze ans. D'ailleurs aucun représentant de l'autorité publique ne viendra vérifier sa date de naissance : le travailleur comme l'employeur n'ont rien à déclarer, ni caisse de sécurité sociale où s'inscrire. Et puis, à quoi bon chipoter pour quatre mois de scolarité perdus ? Donc, ma mère est placée comme serveuse chez M. Sicher, tenancier d'une épicerie-buvette à Arnouville-lès-Gonesse. C'est une habitante de Louvres, garde-barrière à Arminvilliers, qui a transmis l'information à ma grand-mère, assortie des renseignements utiles : M. Sicher travaille à la Société générale à Paris et il cherche quelqu'un pour seconder sa femme qui tient seule son petit commerce. Jeanne sera logée, nourrie, blanchie, et touchera 15 francs par mois, plus 60 centimes pour couvrir son voyage d'Arnouville à Louvres lors de son seul jour de congé mensuel. Affaire conclue entre les adultes. Et entre la mère et sa fille : Jeanne la petite remettra tout son salaire à Jeanne la grande. Comme Eugénie, l'aînée, placée dans un café-tabac à Stains.

Bien sûr, au début, Jeanne regrette sa famille. Pas ses parents, mais sa petite sœur Yvonne et aussi Lucie. Néanmoins, elle ne pleure pas.

Levée vers six heures et demie, elle aide à la boutique dès l'ouverture à sept heures, livre les clients avec une poussette, fait le ménage. La tâche est dure, car, Arnouville comptant beaucoup de résidences secondaires pour artisans parisiens, au travail de la semaine s'ajoute celui du dimanche, sans un jour de repos. Mais elle ne se sent pas malheureuse : elle, qui a vécu dans la promiscuité familiale, a droit à une chambre, pour elle toute seule, dans le grenier, dotée d'une table de toilette avec une cuvette et un broc. Et puis, elle partage ses repas avec ses patrons qu'elle trouve plutôt gentils. D'ailleurs, ce qui l'étonne et la console un peu, c'est justement le contenu des assiettes. Jeanne se régale de mets inconnus : des entrecôtes, des moules, du poisson. Le dimanche, le patron se gave de moineaux qu'il a braconnés dans la journée. Il les fait rôtir et les enfourne entre deux tranches de pain ! C'est son hobby dominical et sa gourmandise.

Mme Sicher est une jeune femme de moins de trente ans, très coquette, sans enfant. Toute jeune, elle a été femme de chambre dans un château de Sologne, son pays d'origine. Elle y a appris à repasser à la perfection : il faut voir ses tabliers blancs plissés ! Jeanne a la fierté de porter les mêmes, impeccables. Le patron, très jaloux, voit en ma mère non seulement une domestique avisée, mais un chaperon qui éloignerait de possibles galants. Quand la guerre est déclarée et M. Sicher mobilisé, il demande à Jeanne de rester auprès de son épouse, bien qu'il cesse de la payer : les temps sont difficiles. Mais voilà qu'au début de 1914 Constantine, sa tante maternelle, apprend à Jeanne qu'elle peut être engagée pour 45 francs par mois dans une autre épicerie-buvette, au Bourget. Pour ma grand-mère, il n'y a pas à hésiter. Jeanne donne donc ses huit jours à Mme Sicher, le cœur gros, car elle l'aime bien sa patronne et ses jolis tabliers blancs plissés. Au moment de se séparer, celle-ci lui conseille de casser une pile d'assiettes dès son premier jour dans sa nouvelle place : on la chassera et elle pourra revenir ainsi à Arnouville ! M. Sicher, revenu en permission, entre dans une grande fureur. Sans Jeanne, il se voit déjà cocu. Rien n'y fait, ma mère a décidé de partir.

A l'été 1914, Jeanne arrive au Bourget, chez M. et Mme A., un couple sans enfant qui exploite une belle épicerie-fruiterie, enrichie d'un long comptoir pour la buvette. Au début, Jeanne ne bénéficie que d'un jour de repos par mois comme à Arnouville-lès-Gonesse. Puis, ses patrons, contents d'elle, lui accordent bientôt son dimanche après-midi. Elle prend alors le tramway pour Paris, gagne la gare du Nord et rejoint à Louvres ses frères et sœurs, tout en rapportant chaque mois la totalité de ses 45 francs à sa mère.

M. A. est analphabète, mais très fort en calcul mental : il ne se trompe jamais. Âgé de cinquante-cinq ans environ, il a quinze ans de plus que sa femme, qui s'est mariée pour échapper à sa tante et tutrice. Le mari est plutôt bonhomme, du genre gros matou, mais il a la main baladeuse. Il ne tarde pas à se faire pressant. Un jour, alors que sa femme est partie aux Halles, à Paris, il entre dans la chambre de Jeanne, en lui déclarant, pour l'attendrir, que sa femme, cette sainte-nitouche, le trompe avec le docteur. Jeanne le menace d'ameuter par ses cris toute la population. Une autre fois, toujours en l'absence de sa femme, il tente de convaincre Jeanne qu'elle doit être « initiée ». Comme il la serre de près, elle brandit le tisonnier : gare s'il s'approche, elle le marquera au fer rouge. Il bat en retraite provisoirement. Mais le barbon est tenace : travaillant à la cave avec Jeanne, il lui prend une fois ou deux de se déboutonner et de lui montrer son « bazar » qui n'attire toujours pas Jeanne. Il essaie même de la prendre par ce qu'il croit être des sentiments : « On n'a jamais eu une fille comme toi. Je demande sans arrêt à ma femme qu'elle t'augmente. » Mais Jeanne ne cède pas pour si peu à son cochon de patron. De guerre lasse, il renonce. N'empêche, Jeanne a connu le harcèlement sexuel plus que le marivaudage.

Madame A., quant à elle, est dure au travail. La journée finie, ce n'est jamais fini. Il faut laver, astiquer, curer, décrasser à genoux, à la brosse et au savon noir, chaque jour. Le vendredi est consacré aux carreaux. Jeanne est justement occupée à ça quand, en mars 1918, toutes les vitres, portes et fenêtres sont soufflées par l'explosion du dépôt de grenades de La Courneuve, consécutive à un bombardement allemand. Les deux femmes se réfugient aussitôt à la cave. La patronne s'avise trop tard que son mari est resté en haut faire la sieste. En remontant, elles le retrouvent sous la table, sous le choc, noir de suie : les cheminées ont été littéralement ramonées par l'explosion.

En fait, pour Jeanne, la guerre de 1914 n'aura pas été trop dure, sinon tout au début, dans la seconde quinzaine du mois d'août 1914. La nouvelle de la retraite des troupes françaises, qui ont perdu la bataille des frontières, a plongé le village dans la stupeur. Les réfugiés de Belgique et du Nord de la France confirment les succès allemands. Compiègne est prise. Senlis est menacée ! Le 2 septembre, le gouvernement quitte Paris en catimini. Voilà Louvres inquiétée par le progrès de la première armée allemande. C'est décidé : il faut évacuer ! La famille Dussaule, comme les autres, prend la route de l'exode, avec des carrioles, des charrettes tirées par les chevaux des fermiers. Ses patrons ayant préféré fermer boutique et quitter Le Bourget, Jeanne est alors à Louvres. Elle suit donc le mouvement en direction de la capitale. Dans la plaine Saint-Denis, la famille trouve refuge dans un établissement industriel. De là, Jeanne gagne le domicile de cousins éloignés qui l'hébergent. Au bout d'un certain temps, à la mi-septembre, après la victoire de la Marne et la stabilisation du front, ses parents regagnent Louvres. Jeanne les rejoint peu après. Elle y reste jusqu'au moment où une lettre du Bourget lui apprend que ses patrons, remis de leurs émotions, réintègrent leur épicerie-buvette. C'est ainsi qu'elle se remet au travail, entre la sévère épicière et le licencieux buvetier. La patronne a-t-elle compris le danger ? En tout cas, tous les matins désormais, Jeanne quitte avec elle Le Bourget pour se rendre à pied porte de La Villette. Là, elles prennent le premier métro pour les Halles, d'où elles reviennent lestées de quelques paniers. Le retour se fait en partie dans une voiture à cheval, celle d'une autre commerçante de Fontenay-sous-Bois.

La guerre se passe ainsi pour Jeanne sans trop d'histoires. Son père, quarante-quatre ans en 1914, à la tête d'une famille nombreuse, est dispensé de service. En revanche, en 1918, son frère Maurice est mobilisé. Au moment de l'armistice, il est en garnison à Béziers. Il y restera toute sa vie, après avoir rencontré et épousé Josèphe. Il deviendra un vrai Méridional avec l'accent, amateur de pétanque. La guerre a de ces caprices !

Ma mère ne se plaint pas. Elle a travaillé dur, mais, grâce aux pourboires de la buvette, elle a pu ouvrir et alimenter un livret de caisse d'épargne. Ce petit pécule, amassé pièce à pièce, sa mère le lui prendra à la veille de son mariage.

Beauté de l'esprit de famille.

4

Au Cours des Halles

Au lendemain du 2 février 1921, jour de leur mariage, Gaston et Jeanne ne prennent pas garde à la première grande réunion tenue à Munich, devant plus de 6000 personnes, par le parti national-socialiste, créé par Hitler l'année précédente ; ils ignorent que, dans la Plaine du Pô, les squadristes de Mussolini sèment la terreur, dans le courant de février ; ils ne savent pas davantage que Lénine fait envahir par l'Armée rouge la Géorgie, qui n'a pas légalisé le Parti communiste, et encore moins qu'en mars Trotski a maté dans le sang la révolte des marins de Cronstadt. Le jeune couple n'a aucunement conscience de vivre dans ce qu'on appellera l'entre-deux-guerres. C'est à la paix qu'ils veulent croire.

Mais, en guise de colombe portant dans son bec

un rameau d'olivier, ce sont les cigognes qui se présentent au couple : en décembre 1921 naît Marcel ; Simone suit, seize mois plus tard, en mars 1923.

Mes parents habitent alors Le Bourget. Les patrons de Jeanne, désireux de se retirer, lui ont proposé de racheter leur fonds de commerce. L'idée plaît à Gaston. Son père, à soixante-cinq ans, vient de vendre ses terres, dont il partage le prix entre ses enfants. Pour compléter son héritage, Gaston sollicite un emprunt auprès de ses frères aînés. Albert et Eugène lui consentent volontiers un prêt… à intérêt, ce qui indigne quelque peu ma mère. A la décharge de mes oncles, précisons que le coût de la vie ne cesse de s'élever et que le franc connaît une belle déconfiture due à l'inflation d'après guerre (le franc, qui valait un de nos euros en 1919, n'en valait plus que 0,88 en 1921 ; il descendra au-dessous de la moitié de sa valeur en 1927). Finalement, mes parents achètent le fonds de l'épicerie-buvette aux A. et s'engagent à rembourser mensuellement mes oncles. Mais les voilà acculés à réussir. Comme le commerce du Bourget risque de ne pas y suffire, mon père continue à travailler sur les voies ferrées, tout en aidant ma mère, sinon à servir la clientèle, du moins à approvisionner le magasin, gérer l'embouteillage et l'étiquetage du vin à la cave et autres besognes annexes.

L'affaire marche bien, selon ma mère. Beaucoup

trop bien même, côté buvette, selon mon père : les ouvriers blaguent, les représentants de commerce discutent, les aviateurs du Bourget, terrain créé en 1914, flirtent dès qu'ils ont un coup dans l'aile, les soldats lancent des œillades et tous les habitués qui se pressent au comptoir appellent son épouse « Jeannette ». Ces privautés de la part de gens qui ont côtoyé sa femme avant lui le hérissent. Mari jaloux, Gaston se met donc à sasser et ressasser les petites annonces, jusqu'au jour où il trouve une épicerie à Saint-Germain-en-Laye. Il convainc Jeanne qu'ils en tireront bien meilleur profit que de leur fonds du Bourget. Elle se laisse persuader. Et c'est ainsi que Jeanne, Gaston et leurs deux enfants s'installent, en novembre 1923, 12, rue de Louviers à Saint-Germain-en-Laye.

Cette décision, prise uniquement pour apaiser le caractère ombrageux de mon père, se révèle stupide : Saint-Germain-en-Laye, ville royale, devenue cité bourgeoise, ne manque certes pas d'attrait, mais, pour le malheur de mes parents, leur quartier est pauvre et leurs clients fauchés achètent à crédit. Les pertes s'accumulent, le remboursement à mes oncles devient aléatoire. Pour éviter trop de mécompte, Gaston quitte les chemins de fer et prend un poste de nuit dans une scierie. Mais c'est à croire qu'ils ont la guigne : Jeanne est réveillée un matin par les gendarmes qui lui apprennent que son époux vient d'être transporté à l'hôpital, victime d'un grave accident du travail. De fait, il a frôlé la mort : la scie est passée à deux doigts de la carotide, lui laissant une blessure profonde au creux de l'épaule dont il gardera une longue cicatrice jusqu'à la fin de ses jours. A l'évidence, Saint-Germain-en-Laye ne vaut rien au jeune couple. Après la naissance de leur troisième enfant, Marie-Thérèse, en mai 1925, ils décident de repartir de zéro.

Gaston, à nouveau, cherche à la fois un acheteur et un vendeur. Faute de mieux, il cède le fonds de Saint-Germain à vil prix et s'endette encore davantage auprès de ses frères pour acquérir le pas-de-porte d'une épicerie située 13, rue Émile-Raspail, à Arcueil-Cachan, dans la banlieue sud de Paris, non loin de la porte d'Orléans. Il s'agit d'un magasin assez étroit, doublé d'une arrière-boutique, avec un logement séparé dans la cour. L'affaire ne paie pas de mine mais la situation présente un avantage qui saute aux yeux : flanquée de part et d'autre d'une boulangerie et d'une boucherie, l'épicerie « Au cours des Halles » jouit d'un emplacement privilégié, au cœur de la commune, tout près de la mairie, de l'église, des écoles, dans une rue très commerçante. En 1926, au moment de la séparation administrative des communes d'Arcueil et de Cachan, les jeunes époux craignent que leur boutique ne perde cette position stratégique. A tort : ce n'est que dans les années 1960 qu'une nouvelle mairie marginalisera ce secteur au profit du « quartier Laplace » qui deviendra le nouveau centre. Bref, les conditions sont plus favorables qu'à Saint-Germain-en-Laye. S'ils tiennent bon, ils y arriveront !

Mon père, tout en s'occupant de l'épicerie, continue à travailler à l'extérieur. Après divers emplois de manutentionnaire, dans une fabrique de bouteilles, puis chez Hachette, il trouve enfin une situation stable dans les tramways parisiens comme receveur. Quand la municipalité décide dans les années trente d'abandonner progressivement le tramway (le dernier roulera en 1937), on le mute aux lignes d'autobus de la « TCRP ». Par crainte d'un accident, il refuse d'y devenir machiniste, c'est-à-dire conducteur : endetté et chargé de famille, il ne souhaite pas courir de nouveaux risques ; la scierie l'a rendu prudent. Il restera receveur d'autobus jusqu'à la fin de ses jours.

A vrai dire, il mène une double vie éreintante entre les bus et le commerce de sa femme. Comme Arcueil est située sur la ligne de Sceaux (le plus vieux chemin de fer de banlieue), dès l'aube, il l'emprunte jusqu'à Denfert-Rochereau et, de là, file aux Halles. Grâce à son œil d'ancien jardinier, infaillible, il sait apprécier la qualité des fruits et des légumes, trier, repousser, choisir. Il met son point d'honneur à ne prendre que le meilleur. Les cageots retenus sont transportés à l'aide d'un diable jusqu'au camion du voiturier qui les livrera quelques heures plus tard à Arcueil. Cette qualité, ces arrivages quotidiens font vite la réputation de l'épicerie-fruiterie de mes parents : que du frais, que du beau !

Une fois ses achats terminés, s'il lui reste un peu de temps, Gaston troque sa blouse contre son uniforme gris de la TCRP dans les toilettes d'un des nombreux bistrots des Halles et va s'agenouiller dans la nef de l'église Saint-Eustache, où il prend un bout de messe, voire, selon les jours, une messe basse tout entière. Puis, il s'enfourne de nouveau dans le métro, à Châtelet, pour gagner le dépôt d'autobus de Malakoff, où sa métamorphose en receveur est définitivement accomplie grâce à la casquette et à la caisse composteuse accrochée à sa ceinture. Le soir et les jours de repos, Gaston lave des bouteilles au cellier, tire du vin, n'en finit pas de s'occuper aux mille tâches d'un magasin qui ne désemplit pas.

Mais voilà qu'un quatrième enfant s'annonce ! Cette fois, ma mère et surtout mon père le prennent mal. Ingénus, catholiques obéissants, ils avaient, jusqu'à la naissance de Marie-Thérèse, laissé faire la « nature » et la volonté de Dieu. Après un troisième enfant en quatre ans, bien décidé à mettre un frein à sa fécondité, le couple ne trouve rien de mieux que de faire chambre à part. Ils reconduisent cette ascèse en arrivant à Arcueil. Mais, à peine installés dans leur nouvelle demeure, voilà qu'ils reçoivent la visite de Constantine, la tante de Jeanne, curieuse du nouveau commerce de sa nièce. Gaston lui cède donc son divan et réintègre pour quelques nuits la chambre conjugale. Et très naturellement met en route un quatrième marmot. Jeanne, affolée, consulte sa sœur aînée, laquelle Eugénie lui conseille quelques breuvages mystérieux, notamment l'eau-de-vie allemande, un purgatif qui la rend nauséeuse chaque matin et d'une si parfaite inefficacité que l'enfant naît le 25 août 1926. Mon père se rend à la mairie déclarer l'apparition de l'inopportun. Si peu désiré, qu'il n'a même pas discuté avec sa femme du prénom à lui donner. Devant l'officier de l'état civil, Gaston, à court d'idée, donne à son quatrième enfant, celui qu'il n'a pas voulu, son propre nom : Gaston ! Laissons gloser les psychanalystes.

Mes parents n'ont pourtant pas fini leur mission reproductrice. Certes, ma mère, dans sa boutique, reçoit parfois quelques recommandations de ses clientes d'autant plus effarées par la succession rapide de ses couches qu'elles-mêmes n'ont souvent qu'un enfant, voire pas du tout. Un représentant de commerce va jusqu'à expliquer à Jeanne en termes métaphoriques comment on peut faire « ça » sans risquer de grossesse. Jeanne en parle à Gaston qui répond

« Taratata » et ajoute, pour faire bon poids : « “Croissez et multipliez” a dit le Seigneur. » Néanmoins, il ne se remet pas entièrement entre les mains de Dieu qui les a rendus si fertiles. Aide-toi, le ciel t'aidera : le couple recommence à faire chambre à part ! Mais visites familiales ou autres, il faut croire que des événements impromptus l'ont quelquefois arraché au canapé malthusien au profit du lit matrimonial puisque le couple donnera encore naissance à deux nouveaux enfants, Geneviève, en décembre 1927, et moi-même en mars 1937. Chose curieuse, autant mon père rechigne contre le quatrième à naître, autant il se réjouit de l'arrivée des deux derniers, devenus même ses chouchous.

L'entrée de Gaston à la TCRP améliore nettement l'ordinaire de la maison. Il était temps : malgré leurs cinq, puis six enfants, les allocations familiales n'étant pas encore instituées, seul un travail acharné leur permet de rembourser leurs billets de commerce et de faire vivre décemment leur famille.

La vie des individus est souvent à contre-courant de l'évolution générale décrite par les manuels d'histoire. Ce fut le cas de mes parents qui tirent le diable par la queue dans cette époque de prospérité que constituent les années folles. En revanche, ils rencontrent une ébauche d'aisance au moment où, au cœur des années trente, le pays sombre dans la crise économique et affronte le chômage. Sous l'effet euphorisant de la fameuse loi Loucheur qui facilite l'accès à la propriété (et permet l'épanouissement de tant de bicoques de banlieue), mon père rêve d'une petite maison. Faute de mieux, en 1937, lors de l'Exposition universelle de Paris, il achète, à l'émerveillement des siens, des meubles de salle à manger art déco, un service de vaisselle en porcelaine de Limoges et, surtout, un majestueux poste de TSF à neuf lampes, autour duquel désormais on se pressera, en particulier le dimanche soir pour écouter le radio-crochet de Radio-Paris.

Des années après la Libération, ma mère parlera d'« avant la guerre », comme un rentier ruiné de 1920, de la « Belle Époque ».

L'opulence reste cependant relative. L'appartement ne dispose ni de cabinet de toilette ni de sanitaires individuels. On doit utiliser les WC collectifs, au fond de la cour, et souvent se munir d'un broc d'eau, quand la chasse ne fonctionne pas, notamment l'hiver à cause du gel. Mais on a l'électricité, le gaz et l'eau courante dans la cuisine, ce qui n'est pas encore le cas de maints logements du quartier. L'installation électrique chez les Winock est toutefois si rudimentaire qu'il faut, au moment de l'achat de la TSF, faire venir un électricien pour poser une prise de courant, la salle à manger en étant jusque-là dépourvue.

Dans ce quartier d'ouvriers et de petits artisans où les commerçants passent pour des riches, Gaston confirme son rang social avec ses premières consommations de luxe. Du coup, la maisonnée ne bénéficie pas des distributions municipales de chaussures et vêtements réservées aux enfants des familles nombreuses. Et pourtant notre niveau de vie est des plus modestes. Pierre (c'est-à-dire Gaston II, mais nous l'appelons Pierre, son second prénom, pour éviter le malentendu) porte sous sa blouse des chandails troués qui le mortifient quand il doit se déshabiller à l'heure de la gymnastique. Pour leur « dimanche », les enfants ont droit à une pièce de 5 centimes (le roudoudou coûte 2 centimes), en attendant de faire aboutir une revendication que la nouvelle prospérité familiale fait accepter : une pièce de 20 sous, c'est-à-dire 1 franc (en 1937, le salaire horaire d'un ouvrier varie entre 6 et 11 francs). Pour le reste, on repassera : lors des petits spectacles donnés dans le préau de l'école, Pierre n'obtient jamais de sa mère, qu'il juge « rapiat », la modique somme nécessaire au billet d'entrée. Pour les vacances, les enfants ne connaissent que la colonie de la paroisse. Les filles les passent à Saint-Gilles-Croix-de-Vie en Vendée, surveillées par les cornettes blanches de Saint-Vincent-de-Paul. Les garçons, à Séné dans le Morbihan ou à Sercœur dans les Vosges.

La marque la plus nette de la condition sociale des familles demeure l'éducation. Le système bourgeois est bien verrouillé : une très petite partie d'une classe d'âge accède au lycée par la sixième, un nombre infime prétend au bachot. Certes, le secondaire est devenu progressivement gratuit au cours des années trente, mais c'est un enseignement long et coûteux, moins à cause de l'achat des fournitures que du manque à gagner : l'enfant ne travaillera pas avant le baccalauréat, vers 17-18 ans, soit trois ou quatre années de perdues pour un emploi rémunéré. En réalité, les gens de condition modeste ne font même pas ce genre de calcul. Le conditionnement scolaire, familial, politique, institutionnel, culturel, suffit au tri des élus. Dans une classe de l'école primaire de la banlieue, il n'y a qu'une seule destination, le certificat d'études ; et après, au mieux, l'enseignement complémentaire ou professionnel, couronné par un CAP ou un brevet. Tandis qu'une étroite élite suit des études au lycée ou au collège des Révérends Pères pour décrocher le baccalauréat (barrière durable entre les bourgeois et les autres), le gros de la troupe est mis au travail ou en apprentissage à 13 ans, puis à 14 ans sur une décision du gouvernement Léon Blum. Entre les deux filières, bourgeoise et prolétarienne, nulle passerelle. Ce sont deux mondes séparés. Un mince pourcentage de bacheliers est issu des couches populaires, fils de gendarmes, de fonctionnaires, enfants pistonnés par un élu local. Le nombre des bacheliers chaque année reste stable : pas plus de 15 000, soit moins de 2 % d'une classe d'âge.

Mes frères Marcel et Pierre, bien que qualifiés de « doués pour les études » par leur instituteur, ne connaîtront pas le lycée. Marcel, qui épuise ses économies en achats de livres et rêve d'être journaliste, est inscrit, après son certificat d'études, à l'École de la Chambre de commerce de Paris, où il apprend le métier de tapissier, sans savoir planter un clou. Un métier ! Gaston ne pense qu'à ça pour ses fils, lui qui n'en a pas, qui a dû quitter son marais natal, qui est passé, sans formation, par tous les boulots, avant de devenir receveur d'autobus. Et qu'est-ce qu'un métier à ses yeux ? Une profession manuelle : menuisier, serrurier, ébéniste, cuisinier, plombier, tapissier ! Gaston déteste les assis, ces fonctionnaires, ces ronds-de-cuir, ces bons à rien, ces fainéants, ces cagnards, ces parasites. Voir un de ses fils plongé dans un livre ne lui inspire que lazzi ou brutalité. Il n'est pas rare qu'il saisisse le bouquin en question et l'envoie valdinguer dans la cour. « Tu n'as donc rien d'autre à faire ? » Ma mère, pourtant, adore lire. Entre l'arrivée de deux clients ou, le soir, avant d'aller se coucher, elle savoure les romans de *La Veillée des chaumières,* magazine auquel elle est abonnée. Mon père, lui, lit les journaux, mais jamais de livres. Heureusement, il est souvent absent. Alors, les livres réapparaissent, les langues se délient, les rires fusent, la jeunesse revit.

Pierre, forte tête et tête de Turc du paternel, résiste frontalement. Il dit ce qu'il pense, ce qui lui vaut quelques raclées, parfois à coups de ceinture. A dix ans, il reçoit pour son Noël un martinet. Pierre, pas plus que Marcel, n'apprécie la mobilisation permanente à laquelle le père les soumet, pour tirer le vin, étiqueter les bouteilles, les laver, présenter l'étalage, transporter les cageots, et tout le bazar. Il a été reçu à son certificat d'études à douze ans. Comme l'obligation scolaire a été portée en 1936 à quatorze ans, il fait deux années supplémentaires à l'école primaire, en attendant d'avoir l'âge pour passer, en 1940, l'examen d'entrée à l'École pratique de commerce et d'industrie, au collège de Puteaux, en vue d'obtenir un CAP d'ajusteur ou, mieux, passer le concours des contrôleurs des installations mécaniques des PTT. Ce qui en sauve beaucoup, et ce fut le cas de mes frères, c'est la qualité de l'enseignement primaire à cette époque. Passés par les écoles normales d'instituteurs, leurs maîtres ont autant d'autorité que de savoir-faire et souvent une personnalité qui marque les élèves à jamais. Rarement communistes à l'époque, ils sont franchement de gauche, socialistes ou radicaux-socialistes, très attachés aux principes de la laïcité, épris de justice, ayant foi en leur métier, soucieux de former des citoyens. Mon frère Pierre parle encore aujourd'hui de ces hommes avec émotion et reconnaissance. Néanmoins, à leurs yeux, la seule perspective pour leurs élèves reste la filière du primaire, primaire supérieur, écoles d'apprentissage. Aucun d'eux ne suggère aux familles des meilleurs élèves d'envoyer leurs rejetons au lycée. Aucun condisciple de mes frères (sans parler de mes sœurs) n'est passé par le lycée. Seul de ma fratrie, dix ans plus tard, élève de la même classe de l'école Jules-Ferry à Arcueil, je me présenterai à l'examen d'entrée en sixième des lycées avec deux autres camarades de classe sur une trentaine d'élèves. Et encore, c'est mon frère Pierre, frustré par les lois de la ségrégation, qui me poussera ; le directeur de mon école, lui, conseille à ma mère de me mettre au cours complémentaire. Il y avait une grandeur et une fierté du primaire – mais elles s'exerçaient parfois au détriment de ses meilleurs élèves.

Les études de mes sœurs sont encore plus écourtées. A treize ans, Simone rate son certificat d'études. Saturée par les problèmes de vases communicants, températures et chemins de fer, elle préfère aider sa mère au magasin que de redoubler. Au bout de deux ans, en 1939, elle entre comme apprentie chez Ginoux, relieur-brocheur à Montrouge, dont le nom a été signalé par une cliente à ma mère. Marie-

Thérèse réussit là où Simone a échoué, mais sans plus d'appétence pour les études. La nouvelle loi lui imposant la scolarité jusqu'à quatorze ans, elle attend tout bonnement son anniversaire pour quitter le cours supérieur. Comme elle a son certif', la directrice ferme les yeux quand elle sèche le lundi, pour aider à la boutique.

Maudit lundi, devenu un jour de travail acharné depuis que mon père, irrité de voir méprisé le jour du Seigneur, a obtenu une autorisation spéciale pour fermer le « Cours des Halles » le dimanche et ouvrir le lundi. Résultat : comme l'épicerie de mes parents est la seule ouverte du quartier, elle ne désemplit pas ce jour-là. Le lundi à lui tout seul permet de réaliser un chiffre d'affaires égal au total du reste de la semaine. On pourrait dire, s'il n'était pas si incurablement sincère, que la bigoterie paternelle paye.

Notre famille occupe, en ce domaine confessionnel, une position singulière. Elle vit sur l'île bleu ciel du catholicisme au milieu d'un océan rouge. Un tiers seulement des enfants d'Arcueil suit le catéchisme le jeudi. La municipalité, acquise aux communistes depuis les élections municipales de 1935, forme avec les communes voisines la partie sud de ce qu'on appelle la « ceinture rouge » : Gentilly, Villejuif, Bagneux… Les communistes y implantent peu à peu leurs institutions, patronages, colonies de vacances, clubs sportifs, bref, une sorte de contre-société définitivement mise en place après la Seconde Guerre mondiale, à l'âge d'or du PCF. En dehors du Parti communiste, en ces années de Front populaire, mille traits de la banlieue rouge isolent les « cathos » : la déchristianisation généralisée du monde ouvrier (mais aussi des commerçants et artisans), l'esprit farouchement laïque des instituteurs et des directeurs d'école (« Cache ta croix sous ta chemise ! »), la défiance envers les « curés », et même, indirectement, le comportement démographique si contrasté souvent entre les familles catholiques et les autres. Avoir six enfants dans cette France des années 1930, qui comptent bientôt plus de cercueils chaque année que de nouveaux berceaux, passe pour le résultat d'un enseignement réactionnaire, ce qui, on en conviendra, n'était pas complètement faux, même si le néomalthusianisme des anticléricaux n'était guère un facteur de progrès pour la collectivité.

En raison de leur travail, mes parents fréquentent peu l'église Saint-Denis. Mon père ne suit les offices et ne chante les psaumes en latin que quand il le peut à Saint-Eustache, presque jamais à Arcueil. Sa religion est assez personnelle ; il n'en parle pratiquement pas. Une des rares manifestations extérieures de sa foi traditionnelle consiste à tracer une croix avec son couteau sur la miche de pain avant de l'entamer. C'est pourtant lui qui a redonné à ma mère, issue d'une famille non pratiquante, le sens de la piété.

Le grand événement rituel dans cette famille nombreuse est évidemment la première communion solennelle de chacun : Marcel en 1932, Simone en 1933, Marie-Thérèse en 1936, Gaston en 1937, Geneviève en 1938 et moi en 1947. Ce jour-là, le paternel se fait une joie de faire venir, de Saint-Omer à Arcueil, sa sœur et ses frères. Et une obligation d'aller les chercher à la gare du Nord. C'est que ces provinciaux sont une proie facile pour les pickpockets. On le sait dans la famille depuis qu'un tonton du Pas-de-Calais s'est fait découper sa poche au rasoir, méthode dont l'audace l'a encore plus abasourdi que le vol de son portefeuille.

Une fois tous à Arcueil, et en attendant de se mettre à table, les hommes prennent l'apéritif au café d'en face, chez Raoul, et jouent au billard. Ma mère, pendant ce temps, entourée des autres femmes, met la dernière main au menu de gala imprimé sur des bristols. Au dessert, réchauffées par le sauternes, les belles voix de la famille se font entendre. Face au clan des Winock, les Dussaule se distinguent par leur bonne humeur communicative et leurs dons musicaux. Lucie, une sœur de maman, pousse la chansonnette à ravir sous l'œil enamouré de son mari, Jules, un solide camionneur. C'est aussi au moment du dessert que le communiant ou la communiante reçoit ses cadeaux. Gaston est économe, mais à cette occasion rien n'est trop beau pour ses enfants : la montre, le stylo à plume en or sont des classiques. Tout ce petit monde passe ensuite dans la cour ou dans le jardin des propriétaires, généralement absents, pour la photo traditionnelle. Une photo d'amateur, devenue une spécialité de Marcel depuis qu'il a acheté un Kodak au marché aux Puces. Pour la photo officielle, le communiant ou la communiante s'est déjà fait tirer le portrait au studio Hamel, à Cachan, au sortir de la messe, les filles sous leur voile blanc, les garçons, en costume marin, avec leur brassard crème. Pierre, toujours mal loti, n'a pas eu droit à un costume neuf. On lui a refilé celui du cousin André, un peu trop petit pour lui qui a poussé comme une asperge. Le pantalon étant trop court, le photographe évita la photo en pied.

A famille catho, loisirs cathos. Les enfants fréquentent le patronage catholique situé rue de la Citadelle, sur un des versants de la vallée de la Bièvre, de l'autre côté de l'aqueduc, à Cachan. Sous la direction d'un jeune abbé en soutane, le jeudi et le dimanche après-midi, comme dans les chansons de Charles Trenet, on joue au « ballon militaire », on se livre à des combats de géants en se hissant sur des échasses, on se défie au billard russe ou on regarde des films muets de Charlot ou de Buster Keaton. Marcel, las du patronage dominical, séchait la corvée au profit du cinéma, le Cachan-Palace, où Pierre allait l'attendre, à la fin de la séance. Ils revenaient tous les deux, mine de rien. Ruse vite dévoilée grâce à la feinte surprise et vraie délation des braves dames qui fréquentaient l'épicerie familiale.

Malgré ce contrôle social, les enfants, surtout les garçons, jouissent d'une grande liberté. Trop occupés à leur travail, les parents ne peuvent exercer sur eux une étroite surveillance. C'est surtout la modicité de notre argent de poche qui limite nos mouvements. Mais l'impétuosité paternelle y contribue aussi. Un jour de kermesse paroissiale, Jeanne ayant décidé d'emmener ses rejetons à une représentation théâtrale chez les sœurs de Saint-Vincent-de-Paul, Gaston s'y oppose. Sans raison. Probablement furieux que sa femme aille s'amuser sans lui. Jeanne persiste. Mère et enfants passent une belle soirée. Mais, au retour, impossible de rentrer : la porte résiste. Jeanne s'acharne sur la serrure puis appelle Gaston, tambourine, s'époumone. En vain. De son fournil, le boulanger entend le vacarme, sort dans la cour et découvre ce nouveau fort Chabrol. « Voisin ! voisin ! faites pas l'idiot ! Vous n'allez tout de même pas laisser votre femme et vos gosses dehors toute la nuit ! » Au bout d'un quart d'heure, le forcené, furibard, daigne évacuer les tables,

les chaises, les caisses et tout le fourbi qu'il a accumulé derrière la porte.

Un foutu caractère que celui de notre père ! Est-ce l'austérité de son éducation ? Il y a sans doute autre chose. Sa conscience de déclassé peut-être. Et puis, cet homme qui travaille sans repos n'a plus droit au lit conjugal. Sa frustration, professionnelle, sociale, sexuelle, n'est certainement pas étrangère à ses sautes d'humeur, cette alternance de rage rentrée et de violence subite. Quoi qu'il en soit, il est redoutable et redouté à la maison.

Ses positions politiques sont tout aussi imprévisibles et difficiles à comprendre. Les journaux qu'il lit témoignent de son tempérament autoritaire : en bon catholique, il s'abonne bien sûr à *La Croix du dimanche,* dans laquelle il goûte particulièrement les chroniques du prédicateur en chef Pierre L'Ermite. Mais ce républicain d'ordre lit aussi *L'Intransigeant* et *La Victoire du dimanche* de Gustave Hervé.

Quand notre voisin boucher lui propose d'adhérer aux Croix-de-Feu, c'est en partie grâce à *La Croix* que Gaston refuse. Non, c'est impossible. Et pourquoi ? Parce qu'il est « républicain ». Le prétexte, confirmé par mes frères et ma mère, m'a longtemps laissé perplexe, dans la mesure où le lieutenant-colonel François de La Rocque, dit « Casimir », s'est toujours présenté lui-même comme un républicain. Son inspiration, puisée au catholicisme social et à la discipline militaire, aurait pourtant dû séduire Gaston, ami de l'ordre et du bon Dieu. Mais Gaston n'a pas du tout apprécié le trouble causé par les manifestants du 6 février 1934 et il fait sienne l'opinion de *La Croix du dimanche* : « Ces manifestations ne sont pas seulement l'œuvre d'un public désarmé et avant tout désireux de voir cesser le désordre ; certains éléments indésirables sont intervenus et ont commis des actes de violence toujours regrettables. » Et Gaston partage l'avis de Gustave Hervé qui renouvelle dans *La Victoire du dimanche* du 5 février son opposition de principe « aux manifestations qui risquent de dégénérer en collusion sanglante avec la police ». Deux ans plus tard, Hervé persiste, à la veille de la victoire électorale du Front populaire : « Nous payons en ce jour l'erreur psychologique et politique que fut le 6 février 1934, qui fit croire à toute la classe ouvrière que la République était menacée par la réaction. Nous payons l'erreur des mobilisations des Croix-de-Feu, qui achevèrent d'alerter les masses populaires. »

Gustave Hervé, le maître à penser de mon père, est un sacré numéro ! Au début du siècle, il a défrayé la chronique par ses campagnes antimilitaristes, et même antipatriotes. Originaire de Brest, agrégé d'histoire, membre du Parti socialiste, il a réussi la prouesse de se faire révoquer en 1901 de l'Instruction publique pour ses papiers sulfureux du *Travailleur socialiste* et du *Piou-Piou de l'Yonne* : ainsi, à l'occasion d'un anniversaire napoléonien, il écrit que la seule activité utile des troufions serait de mettre le « drapeau de Wagram » dans le fumier de la caserne ! Il appelle alors chaque citoyen à répondre à toute déclaration de guerre par la grève générale et l'insurrection. Tenté de devenir avocat, il est vite radié du barreau de Paris par le Conseil de l'ordre. Il s'improvise alors journaliste, en lançant en 1906 un brûlot, *La Guerre sociale,* dont le siège devient un repère d'anarchistes, de socialistes antimilitaristes, d'antipatriotes qui n'acceptent pour seule guerre que la lutte des classes. Son influence est considérable au sein de la SFIO, et Jaurès doit prendre en considération l'« hervéisme » alors même que Hervé passe d'une prison à l'autre. Tout commence à changer en 1912, alors qu'il sort d'un nouveau séjour en cellule. Doutant de plus en plus de la volonté pacifiste de la social-démocratie allemande, il se rallie finalement à la défense nationale et à l'Union sacrée. En 1916, *La Guerre sociale* devint *La Victoire.* A la fin de la guerre, il quitte le Parti socialiste.

En réalité, Gustave Hervé a une idée très personnelle du socialisme ; il le veut « national ». En conclure qu'il est national-socialiste serait jouer sur les mots. Il jette aux orties « le vieux socialisme boche » qui, bien que fondé sur la lutte des classes, a fait faillite, et se met à développer un certain nombre de thèmes propres à séduire mon père.

La remontée d'eau bénite qui afflue dans la tête du Breton lui inspire tout d'abord de « rechristianiser la France ». Discipline, autorité, solide armature matérielle et morale, grâce à ses caractéristiques, l'Église peut défendre la civilisation mise en danger et par « le socialisme matérialiste » et par le communisme (la plus grande menace « depuis les invasions barbares du IVe siècle »). Et, pour renforcer l'Église, il faut promouvoir la natalité. Bon, mais le « socialisme » dans tout cela ? Du vent, rien que du vent : l'ancien prédicateur de la lutte de classe est désormais un adepte du libéralisme économique : « Moins l'État réglementera, contrôlera, monopolisera en matière commerciale et industrielle, mieux nous nous en trouverons… » L'État n'en est pas pour autant réduit au chômage. Jamais en mal de formule, celui qui voulait planter l'étendard de Wagram dans le fumier se proclame bonapartiste. Napoléon était, certes, le continuateur de la Révolution, mais il avait rétabli l'autorité : vive la République autoritaire ! C'est bien dans ce sens-là que mon père se sentait républicain.

Mais son Bonaparte, Gustave Hervé croit le découvrir en la personne d'un vieux reître, nommé Philippe Pétain, brièvement ministre de la Guerre en 1934. Dès l'année suivante, il entame une campagne dans son journal sous le titre : « C'est Pétain qu'il nous faut. » Le maréchal, malgré ses soixante-dix-neuf ans, ne sucre pas encore les fraises, et c'est un chef : il l'a montré en 14-18. Et puis, « il ne passe pas pour réactionnaire ». L'important est donc d'en finir avec la république parlementaire, la république des bavards et des incapables, et d'instaurer une République autoritaire, un nouveau Consulat : le « Front Pétain » doit faire pièce au Front populaire et faire élire suffisamment de députés pour la révision constitutionnelle ! Mon père opine.

En attendant, pour la première fois depuis la naissance du Parti communiste, la gauche, unifiée dans le Rassemblement populaire, remporte les élections d'avril-mai 1936. Le 10 mai, Gaston, morose, lit dans *La Croix du dimanche* : « La France a voté et mal voté. Cependant, par-dessus le triste résultat de cette grande consultation nationale, il nous est permis de proclamer la victoire du Christ-Roi. Quoi qu'il arrive… *"Christus vincit, Christus regnat, Christus imperat."* Et comme le Christ vit dans son corps mystique, comme l'Église, d'elle aussi nous pouvons crier, malgré le triomphe apparent de ses ennemis : "A l'Église la victoire, à l'Église le royaume, à l'Église l'empire universel". » Bref, il n'y a que la foi qui compte. En tournant la page, mon père reprend courage avec l'article de Pierre L'Ermite : « Le bolchevisme menace tout le monde [...] Honneur à ceux qui luttent jusqu'au bout pour le salut du pays [...], qui luttent dans les villes et au fond des hameaux pour les principes éternels, sans lesquels il n'y a ni société ni patrie. Honneur à ceux qui, battus momentanément par la bêtise humaine, gardent toute leur foi dans le triomphe de la vérité. » C'est ainsi qu'en homme d'honneur mon père lutte contre l'idée de grève. Et il va le démontrer.

Entre la victoire électorale du Front populaire, le 3 mai, et la nomination de Léon Blum à la direction du gouvernement, le 4 juin, la France est en proie à une vague de grèves qui enfle jusqu'aux premiers jours de juin. On compte plus de trois millions de grévistes, y compris là où on les attend le moins : dans les grands magasins, sur le chantier de l'Exposition universelle, aussi bien que dans les usines de la métallurgie. Tous ces ouvriers qu'on voit derrière les grilles des établissements qu'ils occupent, mon père les observe en écarquillant les yeux. Bientôt, la grève atteint sa propre entreprise, la STCRP. Un beau matin de mai, quand il arrive pour prendre son poste au dépôt de Malakoff, il a la surprise de voir les autobus arrêtés en longue file, et ses camarades de travail attroupés pour rédiger leurs revendications. « Winock, la grève est décidée. Il faut que tu te joignes à nous ! » Gaston regarde tous ces types comme des animaux exotiques. Il les aime bien, quoiqu'une bonne partie d'entre eux soit des rouges, des cocos, tous syndiqués à la CGT, qui vient de se réunifier, mais de là à les suivre, pas question. D'abord, il ne bronche pas; il écoute les arguments qu'on lui sert : la menace fasciste, la faiblesse des salaires, l'exploitation du grand capitalisme, les deux cents familles, et toute la classe ouvrière dans ce formidable mouvement, et bla-bla-bla. « Alors, Winock, tu es des nôtres, pas vrai ? » « Non ». Ce matin, Gaston Winock n'est pas des leurs. Il incarne à lui tout seul le bloc réactionnaire indéfectible du dépôt de Malakoff. Sa conception du progrès social, il la tient du pape en personne qui l'a formulée en 1931, dans son encyclique *Quadragesimo anno* : « Il faut mettre un terme à la lutte des classes, grave désordre qui mène la société à la ruine... » Selon le pape et Gaston, les ouvriers doivent s'entendre avec leurs patrons, les employés avec leurs employeurs, les fonctionnaires avec l'État. S'entendre n'est pas capituler, se soumettre à tous les diktats du patronat, mais négocier et préciser les intérêts communs de tous ceux qui travaillent dans chaque branche de l'économie. Gaston essaie d'expliquer l'encyclique du pape aux cocos qui se marrent. Faute de convaincre, seul contre tous, il persiste dans sa décision de ne pas faire grève. Les gars l'entourent, certains le traitent de jaune, de curé. Mais pas un ne le menace. Mon père est un brave type qui passe, en la circonstance, pour un simplet, une victime des ratichons. D'ailleurs, il n'est pas dangereux, un simple receveur qui oblitère les tickets de bus, bien incapable de mettre une machine en route ; inutile de l'emmerder davantage ! C'est un original !

Honneur à ceux qui luttent jusqu'au bout, avait écrit Pierre L'Ermite. Gaston a bien mérité de *La Croix*.

En attendant, à la maison, ses enfants continuent d'être exposés à l'alternance de ses gestes de générosité et de ses grandes colères. Mes frères et sœurs prennent l'habitude de fouiller ses poches pour en tirer le petit carnet dans lequel il note ses horaires. Savoir *quand* il part au travail est important. Dès son retour, il faut s'activer à quelque tâche utile, sinon on s'attire des remontrances, des engueulades, on se fait traiter de rond-de-cuir et *tutti quanti*. Je lis les notes laissées par Marcel : « Moi dont les dispositions sont surtout de rêver, de flâner et d'écrire, je ne peux imaginer plus inexorable ennemi que mon père. Pas un jour ne se passe sans qu'il ne me reproche ma "fainéantise". Il me querelle constamment, me fait descendre de la salle à manger me demandant "ce que je pouvais bien y fabriquer", alors que j'étais en train de lire. Je le suis à la cave où mon grand travail consiste… à le regarder. »

Mon père est surmené, tôt levé, tard couché, toujours à l'ouvrage, aux Halles, dans son autobus, au cellier. Il lui arrive souvent, le soir, de s'endormir sur son journal. Et pour quoi, ce surmenage ? Pour en arriver où ? Ses frères dirigent une entreprise maraîchère et lui, fils de propriétaire, est devenu un prolétaire, sans même cette dignité de l'ouvrier d'usine ou du mineur de fond qui bravent la société bourgeoise avec leur propre culture, leur vocabulaire, leurs chansons, leur syndicat ou leur parti. Aucune culture ouvrière, socialiste ou autre, ne soutient moralement Gaston. Chrétien, il n'appartient même pas à une paroisse, puisqu'il pratique épisodiquement à Saint-Eustache.

Les photos que j'ai de lui le montrent en homme élégant, cravaté, soigné. Dans une autre intrigue biographique, il aurait pu être instituteur : belle écriture, belle orthographe, calcul mental impeccable… N'est-ce pas de cette éventuelle vocation dont il a été frustré qu'il a tiré son mépris pour le travail intellectuel au point de contrarier les aspirations de son fils aîné ?

Après trois ans d'école à la Chambre de commerce, Marcel est envoyé en apprentissage chez M. Blaize, tapissier, rue Saint-Ferdinand, dans le XVIIe arrondissement, non loin de la porte Maillot. Triste perspective quand on a toujours été premier en composition française et qu'on rêve de devenir journaliste. Chaque matin, sa première tâche consiste à faire le ménage de l'atelier avant l'arrivée du patron. Celui-ci n'a que vingt-six ans ; il vient de succéder à son père décédé depuis peu. Se piquant d'être peintre, il décore les murs de l'atelier de ses aquarelles, paysages d'été, ruelles antiques, putains racolant. Après avoir donné quelques instructions à son arpète, il court en ville acheter des étoffes ou presser quelques débiteurs de régler leurs factures. Mon frère, enchanté de se retrouver seul, peut rêver et même chanter tout à son aise. Il n'a aucun goût pour cette profession, pourtant la seule, rendez-vous compte, insiste M. Blaize, dont les maîtres avaient le droit de porter l'épée au XVIIe siècle. Marcel s'en moque bien. Cet apprentissage le désespère : ses guindages ont triste figure ; ses garnitures de siège ne tiennent pas ; il découpe de travers les velours de Gênes et n'aligne pas deux clous dorés sans se taper sur les doigts.

Son pire supplice consiste à travailler au domicile des pratiques, sous leur œil inquisiteur et inquiet. Souvent, ils lui demandent des travaux supplémentaires, comme installer une suspension, raccommoder des porcelaines. Il s'exécute la mort dans l'âme et la peur au ventre quant aux résultats. Pourtant, certains clients se révèlent parfois amusants, tel le comte de P., qui recherche n'importe quelle compagnie pour tuer son ennui. Un jour, il convie le patron et son aide à venir sur place recouvrir un immense divan avec un velours très coûteux ; plus c'est cher, plus ça lui plaît et plus il se sent autorisé à leur faire la causette. Peu de temps après, M. le comte, indigné, apprend à son tapissier que le velours s'est décoloré par endroits. M. Blaize et Marcel s'en retournent chez lui et constatent les dégâts. Peu disposé à remplacer le velours, M. Blaize demande au comte si, la nuit, il prend soin de tirer les rideaux de son salon. Non ? « Alors tout s'explique, dit Blaize, péremptoire. Rien de plus funeste que la lune. Sa clarté altère le velours. » Le comte est ravi : « La lune ! cette sacrée lune ! » Il n'est plus question de changer le velours si poétiquement décoloré par l'astre de la nuit.

C'est cette inclination de son patron à la poésie qui vaut à Marcel, pourtant si calamiteux, de conserver sa place. Mon frère, entre deux coups de marteau, écrit des poèmes en cachette, mais pas complètement à l'insu de son patron, qui ne dit rien. M. Blaize n'est-il pas lui-même un peintre du dimanche qui joue à l'artiste devant les dames, avide de compliments ? Un jour qu'il tombe sur un poème de son apprenti de dix-huit ans, il sourit : « Ce n'est pas mal. Moi aussi, j'écrivais des vers quand j'avais votre âge, j'avais la tête farcie de Musset et de Lamartine. Mais cela passe, vous verrez ! » Et, se dirigeant vers un casier poussiéreux : « Tenez ! je vais vous lire quelque chose que j'ai composé au régiment ; c'est d'un tout autre genre que le vôtre. » Et de déclamer : « Étant un vieux chasseur altéré de grand air… » Marcel reconnaît aussitôt *La Mort d'un lion* de Leconte de Lisle, mais n'en laisse rien paraître : « Ah, monsieur Blaize, c'est vraiment excellent, vous auriez dû continuer la poésie, vous étiez doué ! » Le patron se rengorge, fait le modeste : « Allez, vous en reviendrez, comme moi… »

Chaque jour, à midi, Marcel quitte sa blouse de travail, se dirige en général vers la rue du Débarcadère, où il déjeune, à l'hôtel Saint-Paul, en faisant un petit détour par la porte Maillot pour lorgner les filles qui racolent. Quand ce puceau timide s'entend susurrer à l'oreille le rituel : « Tu viens, chéri ? », il passe son chemin l'air offensé mais délicieusement émoustillé. Au restaurant, il s'attable dans le fond, solitaire. Parfois, un type s'assied en face de lui, le veston râpé, le col de chemise toujours sale. Sans échanger un regard, chacun avale sa part de bœuf bouilli, laisse les quatre francs du plat du jour et sort. On se croirait dans les *Vies et Aventures de Salavin* de Georges Duhamel. Quand d'aventure c'est une jeune femme qui s'installe face à lui, surtout si elle est jolie, Marcel pique un fard. Il souffre terriblement de cette propension à rougir ; c'est de là, selon lui, que vient sa timidité, et non l'inverse.

Cette pauvre vie a son double, merveilleux. A 17-18 ans, Marcel, honteux de sa condition de jeune tapissier, sans vocation pour la brocatelle et les clous, s'échappe par la porte d'une vie rêvée, sous les traits de Max, un personnage imaginaire hors du commun, qui a dix ans de plus que lui. Max est un champion toutes catégories. Après des études de droit, plutôt que de se fatiguer à des effets de manche au palais de justice, il monte sur le ring, au Palais des sports, devient champion du monde de boxe des poids légers, en esquivant les coups pour préserver son intégrité physique devant les caméras, car, parallèlement, il entame une carrière de jeune premier au cinéma. C'est un athlète accompli qui pratique en professionnel la course cycliste, la nage de compétition, jusqu'au jour où ses amis lui découvrent une merveilleuse voix de baryton. Il accepte donc de tourner des films musicaux qui éclipsent peu à peu ceux de Tino Rossi.

Ces exploits successifs ou simultanés lui attirent le regard des jolies filles, les déclarations d'amour des femmes du monde, les pâmoisons des ondines fascinées par son crawl à la piscine Molitor. Marcel en rajoute dans les performances de son héros, accumule ses prouesses dans une biographie imaginaire où l'auteur est en totale empathie avec son héros olympien et olympique. Quand il flâne sur les Champs-Élysées, il guette dans les yeux des passants, et surtout des femmes, la surprise, l'enthousiasme, l'admiration : « C'est lui ! c'est lui ! » Car, évidemment, sa photo faisant la couverture de tous les magazines illustrés, Max est admiré, envié, adulé. On se bouscule dans les gares, dans les ports, dans les aérodromes, les filles avec des fleurs, les photographes avec leurs flashes, à chacun de ses retours de Los Angeles, Nice, Melbourne. Malgré cette vie de demi-dieu moderne, Max reste modeste, Max reste simple, un rien distant peut-être de prime abord, mais si sympathique dès qu'on veut bien se donner la peine de le connaître un peu mieux.

A part Max, il y a des embellies plus concrètes dans l'existence de Marcel, notamment les jours qu'il passe avec ses amis d'Arcueil à l'auberge de la jeunesse de Bierville. C'est en grande partie une initiative du Front populaire, soucieux de lancer une politique de la Jeunesse. Certes, la formule n'est pas nouvelle : les régimes soviétique, fasciste et national-socialiste avaient déjà entrepris, avant les démocraties, d'organiser les loisirs des jeunes, mais aux fins de les encadrer et de les endoctriner. Le gouvernement socialiste de Léon Blum n'entend nullement imiter cette mise au pas de la joie sur commande, mais désire soustraire les jeunes gens au bistrot et à la belote, en confiant à Léo Lagrange un sous-secrétariat d'État aux Sports et aux Loisirs. Cette politique s'impose d'autant mieux qu'elle vient compléter la loi des quarante heures et celle des congés payés. C'est dans ce cadre que les auberges de la jeunesse prennent leur essor.

En réalité, les premières d'entre elles étaient antérieures de plusieurs années au Front populaire. Elles étaient apparues en France sur l'initiative d'une Ligue française pour les auberges de la jeunesse présidée par Marc Sangnier, démocrate-chrétien et apôtre de la paix, soutenu par d'autres riches personnalités laïques, protestantes et catholiques. En 1930, un nouveau Centre laïque des auberges de la jeunesse est créé à la suite d'une scission.

La première auberge, L'Épi d'or, date de 1930 ; c'est celle de Bierville, en Ile-de-France (aujourd'hui dans l'Essonne). Dans cette commune de Boissy-la-Rivière, Sangnier a établi sur sa propriété un Foyer de la paix, inauguré en présence de l'évêque d'Arras et du président de la Ligue des droits de l'homme Ferdinand Buisson. C'est cette « AJ » pionnière de Bierville que fréquente Marcel.

Au simple plaisir d'avoir laissé derrière lui une banlieue grise, une existence sans attrait, une atmosphère familiale rendue de plus en plus pénible par l'intraitable caractère de son père, s'ajoute le bonheur de retrouver ce petit village, ses pins, son clocher, son ciel, sa rivière où l'on pêche des truites, son moulin, son épicerie-buvette où les citoyens de Boissy-la-Rivière viennent prendre un canon de vin rouge entre deux suées champêtres. Mais ce n'est pas tout. L'institution étant mixte, Marcel y ébauche des amitiés, des idylles déjà délicieuses en soi et qui nourrissent au retour un échange de correspondance et des espoirs de retrouvailles à Pâques ou à la Pentecôte.

A l'auberge de L'Épi d'or il n'est pas rare de voir arriver, d'un pas de jeune homme, le Marc Sangnier de légende, le pèlerin de la fraternité entre les peuples. Il se mêle aux jeunes gens de toutes religions, de toutes conditions, de tous pays, qui l'appellent « Marc » et le tutoient, bien qu'il ait la soixantaine bien tassée. Après la mort accidentelle de son fils en avril 39, il troquera son feutre rond, son costume clair et son foulard rouge contre un béret basque et un costume foncé, mais sans rien perdre de son allant et de son aménité. Du moins en apparence. Au sommet de la tour qui surmonte l'auberge et les bâtiments des dortoirs, Sangnier a fait hisser un drapeau qui ne porte qu'un mot : « PAX ». Car Sangnier, qui avait fondé l'hebdomadaire *L'Éveil des peuples* en 1932, veut faire de Bierville une maison de la paix. Une vocation qu'il annonce sur un ton quasi évangélique certains soirs : « Hommes de bonne volonté, mes amis, je vous le dis, c'est le combat que vous menez qui est le plus noble et le plus beau. Cette nuit est belle, dans laquelle vous vivez, dans la paix et dans la joie, mais demain l'aube peut éclairer un monde d'hypocrisie et de haine. Des échos nous parviennent sans cesse qui nous inquiètent, et c'est vrai qu'aujourd'hui des hommes parlent avec tant de légèreté de la guerre que demain ils la diront indispensable. Mais moi, je vous le dis, c'est encore le temps de lutter pour la fraternité et ce sera toujours le temps de lutter pour elle ; nos voix sont encore peut-être peu nombreuses et encore faibles comparées aux millions d'autres qui d'un jour à l'autre, sur l'ordre de quelques êtres insensés, peuvent glorifier la haine ; mais notre volonté, elle, n'est point faible et ne peut pas faiblir, puisque c'est elle qui doit finalement triompher… »

La guerre est possible, Marcel le sait, mais il ne peut y croire, elle est inimaginable. Bierville, Sangnier, les chants de cette jeunesse cosmopolite qui montent autour des feux de camp, les jeunes filles qui illuminent ces réunions ferventes, tout laisse entendre que, encore une fois, on évitera la guerre. Déjà, on avait cru à l'imminence de la guerre en septembre 1938, on avait même procédé à une mobilisation partielle, chacun avait craint le pire. Mais, au dernier moment, la conférence de Munich avait sauvé la paix. Du moins le croit-on. Sangnier s'est réjoui des accords de Munich, comme tant d'autres, quitte à s'alarmer rapidement de leurs déficiences, lorsqu'en mars 1939 Hitler, au mépris de ces accords, annexe purement et simplement la Bohême, rayant de la carte la Tchécoslovaquie.

On peut se demander aujourd'hui si ces rassemblements pacifistes de Bierville et d'ailleurs, comme à l'autre bout de la France celui de Jean Giono au Cantadour, fortifient les esprits pour la résistance face au monstre hitlérien. La France de 1938, de 1939, veut passionnément la paix sans songer, pour y parvenir, à montrer ses dents à Hitler. Le pacifisme n'a jamais empêché la guerre; il l'encouragerait plutôt en laissant supposer à l'ennemi qu'on se couche devant lui. Mais, à dix-huit ans, Marcel boit les paroles de Marc Sangnier comme celles d'un prophète, sans comprendre la dure réalité d'une situation internationale explosive.

5

Exodes

A partir de 1939, Marcel commence à tenir un journal, simple carnet de bord, au début très lapidaire, qu'il étoffe peu à peu. Grâce à ces notes journalières, plus sûres que les remémorations orales ou les reconstitutions écrites, je peux suivre avec précision l'histoire de ma famille, emportée comme les autres dans la tourmente.

Les miens, sans avoir vu la pièce de Giraudoux, partagent l'opinion commune : « La guerre de Troie n'aura pas lieu. » Ce postulat implicite inhibe toute action diplomatique de fermeté, ni les Français ni les Anglais n'arrivant à imaginer la manière dont ils pourraient endiguer Hitler. Si bien que le « caporal autrichien » ne s'arrête pas ! Il a déjà déchiré tous les traités qui tenaient l'Allemagne en respect depuis la fin de la Grande Guerre : en 1935, il rétablit le service militaire obligatoire ; en 1936, il remilitarise la Rhénanie. La même année, ses *Messerschmitt* bombardent les républicains espagnols ; en 1938, il engloutit l'Autriche puis annexe les Sudètes, après la reddition diplomatique anglo-française de Munich, ce lâche compromis censé acheter une paix durable. Erreur ! dès le mois de mars 1939, le cannibale, loin d'être rassasié, avale ce qui reste de la Bohême. Et cette fois, ce ne peut être au nom de la germanophonie puisqu'il absorbe, en même temps que des kilomètres carrés de territoire, une masse de populations slaves. Les Allemands, selon lui, ont besoin d'« espace vital ». Jusqu'où ira ce nouveau Gengis Khan ? Le chancelier du Reich désigne vite sa nouvelle proie : la ville de Dantzig et le couloir qui sépare la Prusse-Orientale du reste de l'Allemagne. Après les Autrichiens et les Tchèques, c'est donc le tour des Polonais. « Qu'est-ce qu'on en a à foutre ? », rétorquent les pacifistes après Marcel Déat, qui explique dans *L'Œuvre* que les Français ont d'autres chats à fouetter que de « mourir pour Dantzig ».

Les grands hebdos de droite, *Gringoire* en tête, ne se soucient pas davantage de ces mesquines questions de frontière entre Teutons et Polaks. Pourtant, bien des gens commencent à se dire que les Français pourraient bien être la prochaine victime. Le parapluie de

Chamberlain, Sir Neville, le Premier ministre britannique, commence alors à s'agiter. En France, le Front populaire a rendu l'âme depuis 1938 ; le gouvernement du radical Daladier, soutenu par la droite, ne cherchera plus de faux-fuyants : il devra faire front. C'est au milieu de ces turbulences internationales qu'on organise à Paris les fêtes du 14 Juillet, marquant le cent cinquantième anniversaire de la Révolution française.

A cette occasion, Marcel décide notre frère Pierre et son ami Raymond à assister au défilé sur les Champs-Élysées sans trop se préoccuper de l'opinion paternelle. Le père a la fibre d'ancien combattant, mais prise peu les réjouissances du 14 Juillet, et encore moins cette année spécialement commémorative. Certes, il se dit républicain, mais il abhorre la manière dont la gauche s'est approprié la gloire. En plus, il garde une dent contre cette République qui a chassé dans son enfance les bons Frères de Saint-Omer. Bref, toujours en porte-à-faux : il veut une France forte pour faire front à Hitler, mais il déteste la République des francs-maçons. Il est d'accord avec Gustave Hervé : c'est Pétain qu'il lui faut, « homme à poigne » enfin, pas un Blum et un Daladier qui promettent plus de beurre que de pain.

Marcel, qui n'a pas ces préventions, s'alarme comme tant d'autres Français de la menace croissante de guerre, de la faiblesse des alliés français et britanniques demeurés court face aux provocations hitlériennes. Il lit avec émotion le discours prononcé par Édouard Herriot, président de la Chambre des députés, le 12 juillet, à l'Hôtel de Ville : « Drapeau de la République ! Symbole de la fraternité humaine [...] Emblème d'une nation qui n'inclinera devant aucun défi sa doctrine de la souveraineté populaire, sa volonté d'indépendance et son amour passionné de la liberté... » Le 14 juillet 1939 contient ce double message à ses yeux : la liberté doit guider nos pas, mais on ne la préservera qu'en étant capable de la défendre. « Munichois » est devenu un terme de mépris qu'emploient surtout les communistes pour fustiger leurs adversaires et Chamberlain. Marcel aussi est convaincu cet été-là que, pour éviter la guerre, il faut montrer sa force. Le pouvoir inhibiteur du pacifisme devient dangereux. C'est sans doute pourquoi il invite son frère et Raymond à assister avec lui au défilé ; c'est aussi pour encourager l'armée. Comme beaucoup ont pensé la même chose, les Champs-Élysées en ce 14 juillet sont submergés par une marée humaine.

Des dizaines de milliers d'hommes, de femmes, d'enfants, n'ont pas hésité à passer la nuit dehors pour s'approprier les meilleures places ; dès l'aube, de nouveaux postulants, arrivant de tous les azimuts. Les fenêtres, les balcons sont noirs de monde. Des embouteillages indescriptibles se produisent le long du parcours que doit emprunter le défilé. Certains utilisent des caisses de bière consignées, les chaises et les guéridons des terrasses de café pour dominer la foule ; d'autres se sont munis de tabourets, d'échelles ou d'escabeaux. Les plus audacieux ont grimpé dans les marronniers et même sur les toits : une femme assise dans une gouttière agite ses jambes dans le vide. En bas, une demoiselle, trop serrée dans la cohue, perd connaissance, aussitôt secourue et redressée par un gros type qui, tirant un litron de vin blanc de sa musette, lui en fait boire une grande rasade pour la remettre d'aplomb.

Marcel, Pierre et Raymond ont pris le métro à Arcueil. A la station Châtelet, ils sont bloqués au moment d'accéder au quai de la ligne Vincennes-Neuilly : le portillon a été délibérément refermé pour canaliser le flux des voyageurs. La foule sans cesse grossie les pousse, les écrase. Les minutes passent. Les gens s'impatientent. Il fait chaud, les plaisanteries s'estompent, la sueur perle sur les fronts ; des femmes s'évanouissent. Marcel parvient à se dégager, escalade le portillon, retombe de l'autre côté, bientôt rejoint par Pierre et par Raymond. Tous les trois remontent à l'air libre et se fraient un chemin par les rues pavoisées vers la place de la Concorde, au sein d'une masse si compacte que nul n'est assuré de voir quelque chose du défilé. Or personne ne veut manquer la parade : il y aura non seulement les troupes françaises, mais aussi des Britanniques, et, pour la première fois, des unités d'outre-mer, des Indochinois, des Africains, et puis les forces mécaniques, les avions, les automitrailleuses, les chars d'assaut…

A un moment, jouant des coudes sur l'avenue des Champs-Élysées, les trois jeunes gens sentent une atmosphère houleuse. Il se passe quelque chose ! Sous la poussée formidable des spectateurs, un cordon de police vient d'être rompu sur une dizaine de mètres. Marcel et les deux autres, projetés dans la trouée, se retrouvent bientôt au beau milieu de l'avenue. Les gardiens de la paix, bâtons blancs brandis au-dessus des képis, rabattent le flot des deux côtés de la chaussée. Le trio se retrouve au premier rang, sous les vociférations de ceux qui tenaient la place depuis des heures. Pour éviter le massacre, un flic fait asseoir au bord du trottoir les resquilleurs involontaires au moment même où retentissent les premiers accents de fanfares militaires. Ils jubilent : eux qui pensaient ne rien voir du défilé, se retrouvent devant tout le monde, et assis de surcroît !

La musique apaise la tension. Sous les bravos qui crépitent, l'armée française va de l'avant, la métropolitaine et la coloniale ; les baïonnettes brillent au soleil ; les chevaux piaffent ; les spahis remportent un triomphe derrière leurs officiers sabre au clair. De-ci, de-là, on chante *La Marseillaise* comme les Français savent la chanter : à désespérer les chefs d'orphéon. Au moment où passent les fantassins, un agité se met à hurler : « Ils défileront toujours comme des salauds, ceux-là ! » Un ancien artilleur, sans doute ! Le soleil brûlant, la chaleur plombe les enthousiasmes ; la foule néanmoins crie encore. Et voici les Angliches, superbes ; des grenadiers *guards* de près de deux mètres passent comme des automates, puis des *highlanders* avec leurs cornemuses. On applaudit. Arrivent les Sénégalais très sérieux, suivis de petits Annamites en culotte courte. Enfin, une longue ovation salue la Légion étrangère. Près de Pierre, une femme, qui a dû voir Gabin dans *La Bandera*, se pâme : « Ah ! je passerais bien une nuit avec l'un de ces gars-là ! » On rit. Un spectateur la soulève par la taille pour qu'elle voie mieux ces soldats de légende. Elle se laisse faire. Bah ! ce n'est pas tous les jours le 14 Juillet !

Soudain, un bruit infernal annonce les chars d'assaut qui roulent sur l'avenue, tandis que des escadrilles volent au-dessus des têtes. De chaque « tank » émerge un homme casqué, un revolver à la main. Des cris fusent, admiratifs : « *Ils* peuvent toujours venir, avec une armée pareille, on les attend ! » « Sans compter la ligne Maginot », dit l'un. « Sans compter les navires de notre flotte », dit l'autre. Assez vite, la conversation tourne à l'aigre : « Mais grâce à qui tout ça, hein ! grâce à qui ? Ce n'est certainement pas la faute à Blum et à Thorez ! » Au Croix-de-Feu ronchon, un sans-culotte réplique : « Ce n'est pas non plus la tienne, connard ! » Ils vont se taper dessus, ma parole ! Quelques : « Vive Daladier ! », « Vive la France ! » réconcilient tout le monde.

Les derniers chars passés, c'est la débandade. Une mer humaine ondule de toutes parts, semant derrière elle parapluies, poudriers, chapeaux, périscopes, miroirs de courtoisie, chaises, chaussures, fleurs et cocardes en papier… Au lieu de piétiner devant les bouches de métro, des spectateurs prévoyants tirent de leurs sacs des saucissons, des camemberts, des litres de rouge et s'attablent autour des guéridons épars.

Marcel, Pierre et Raymond mettent plusieurs heures à regagner Arcueil. Le père, de retour de son travail (certains autobus roulent les jours de fête), demande à ses fils comment s'est déroulée la revue, avant d'ouvrir la TSF pour écouter les marches militaires et fredonner *Sambre-et-Meuse*. Ce qui ne lui plaît pas, mais pas du tout, dans ce 14 Juillet, c'est la manifestation qu'organisent l'après-midi ces salopards de communistes, de la Bastille à la Nation, avec leurs chars allégoriques (la Révolution russe, la Marseillaise, la Prise des Tuileries, la Liberté, la Libération des esclaves, le Vin, etc.). Il s'imagine les slogans qu'ils vont hurler en chœur : « Vive le Front populaire ! A bas les décrets-lois ! Thorez au pouvoir ! Les Soviets partout ! » Canailles !

Autre chose l'irrite encore, comme tous les ans : les réjouissances populaires, les bals publics, les fêtes nocturnes, la France qui fait la noce. Ces plaisirs de voyous, cette chienlit, ces mascarades, il les exècre. Comme tous les ans, mes sœurs lui demandent la permission de sortir. Comme tous les ans, il refuse et les envoie au lit. Mais, cette année-là, ma mère regimbe. Excédée par ce despote quinteux, grincheux, hargneux, elle accorde à ses filles (« ce sont mes filles aussi ! ») de participer aux réjouissances, de se mêler aux rires, aux flonflons et aux rumeurs de fête. Ça sent soudain le soufre et la poudre à la maison. Pâle de dépit, le père quitte la table, non sans bousculer quelques plats au passage, et va s'enfermer dans sa chambre. Loin de s'émouvoir, Jeanne enfile une robe fraîche et entraîne ses filles, tandis que les garçons, de leur côté, vont vider des chopes sur une autre place, en regardant les couples tourner. Grisée par sa propre audace, Jeanne accepte même qu'un inconnu l'invite à danser. Sous le regard d'abord ébahi puis ravi de ses filles, elle valse mais décline une nouvelle proposition : elle ne tient pas à ce que son rabat-joie de mari la surprenne au bras d'un autre. Le retour à la maison est glacial. Quand il ne se barricade pas, le paternel accueille la désobéissance organisée en serrant les dents. Nul ne sait ce que les parents se disent une fois seuls. En revanche, dès le lendemain, et pendant plusieurs jours, le père n'adresse la parole ni à Marcel ni à Pierre. Tirer la gueule fait partie de ses stratégies d'apaisement : mieux vaut se taire que s'entre-tuer.

Dans les hautes sphères, la fin du mois de juillet 1939 n'apporte pas le calme espéré. Les états-majors se concertent. Un accord entre la France, la Grande-Bretagne et l'URSS permet des négociations militaires entre les trois parties à Moscou. Le gouvernement Daladier décide, par décret-loi, de proroger la Chambre de 1936 jusqu'en 1942, des élections n'étant guère compatibles avec la tension internationale de l'heure. L'opinion publique a quelque peu changé depuis la conférence de Munich. L'IFOP, l'institut de sondage qui vient d'être créé sur le modèle du Gallup américain, révèle à la fin de juillet que 76 % des Français jugent qu'« il faut empêcher, au besoin par la force, que l'Allemagne s'empare de Dantzig » ; cependant, une minorité seulement – 45 % – croit la guerre inévitable. On s'accroche à l'espoir, nourri par les années de crise qui ont précédé, que tout finira par s'arranger grâce à une signature au bas d'un traité, au besoin à une nouvelle reculade, car la paix est la chose la plus sacrée.

On parle de cela à mots couverts dans la famille Winock. Le plus souvent, Gaston soliloque, en répétant les propos de Gustave Hervé. Celui-ci, du reste, n'est pas un si mauvais guide en matière de relations internationales. Partisan d'une révision des traités, il n'accepte pas que Hitler les viole sans crier gare. Au lendemain de Munich, il a parlé de « désastre ». Et mon père, anticommuniste, doit bien admettre que l'alliance avec l'URSS s'impose. D'ailleurs, Hervé le dit aussi.

En attendant le pire, qui n'est jamais certain, on songe aux congés d'été. Mes parents n'en prennent jamais. Les filles partent pour la colonie de Saint-Gilles-Croix-de-Vie en Vendée. Pierre s'en va lui aussi avec la colonie de la paroisse d'Arcueil, à Sercœur, dans les Vosges. Marcel a envisagé d'aller à Barneville, près de Honfleur, avec Raymond, mais il apprend qu'il n'y a plus une seule chambre libre à l'hôtel qu'on lui a indiqué. Il écrit alors à l'abbé V., un prêtre d'Arcueil officiant désormais à Villejuif, qui a acquis et transformé une ancienne caserne de douaniers en centre de vacances à Séné, village situé sur les bords du golfe du Morbihan. Au petit matin du 12 août, l'abbé vient chercher les deux jeunes gens à la gare de Vannes et les conduit aux « Quatre Vents ». Sous sa direction, la petite communauté est encadrée par les « grands » – sorte de stagiaires moniteurs – et les « confrères » – moniteurs déjà chevronnés, pour beaucoup séminaristes.

Entre les prières du matin et du soir, les colonies de vacances catholiques se ressemblent toutes : jeux de foulards, baignades, rallyes, jeux de piste, feux de camp. Après la veillée et avant d'« aller dormir sous les étoiles », l'abbé réunit les moniteurs, les grands et les confrères, en conseil pour organiser la journée du lendemain, en fumant la pipe. Cette année, on parle surtout des « événements extérieurs ». Le 24 août, on apprend avec stupeur la signature d'un pacte de non-agression entre Staline et Hitler : c'était donc ça, l'antifascisme des communistes ? Désormais, Hitler a les mains libres ! La France et la Grande-Bretagne ne pourront plus reculer. Le lendemain, un cuirassé allemand entre dans la baie de Dantzig, la Pologne proteste, Roosevelt adresse un message à Hitler, le pape Pie XII exhorte à la paix. Daladier s'accroche à un dernier espoir de conciliation, Hitler ne veut rien entendre : Dantzig et son corridor feront partie intégrante du Reich !

A Séné, on épargne toute alarme aux enfants, mais la cantinière pleure en silence. Le vendredi 1er septembre, à l'aube, les armées allemandes pénètrent en Pologne sans déclaration de guerre. Un moniteur, qui vient d'apprendre la nouvelle par la radio, s'écrie d'une fenêtre : « La mobilisation générale est décrétée ! » L'abbé conduit deux futurs combattants à la gare de Vannes, tandis que sonne le tocsin dans les villages et qu'on réquisitionne les chevaux. Ainsi, la guerre qu'on a tant redoutée, tant voulu éviter, la guerre éclate dans un ciel sans nuage. C'est confirmé le 3 septembre, quand Hitler repousse les deux ultimatums de la France et de la Grande-Bretagne. L'abbé part à son tour, remplacé à la tête de la colonie par un séminariste réformé. Les heures se déroulent dans une espèce de fausse gaieté, les grands faisant de leur mieux pour ne pas affoler les petits ; les prières du soir sont plus ferventes. Marcel a envie de rentrer lui aussi, mais Pierre, revenant de Sercœur, vient de le rejoindre à Séné où les deux frères prolongent leur séjour jusqu'au début d'octobre.

Marcel a perdu son travail, mais il y a toujours à faire au Cours des Halles : rincer les litres, casser du bois, livrer les clients. Quand il s'échappe de la routine, il compose des vers et, le dimanche, avec ses amis, fréquente les cinémas des Grands Boulevards – lieu de rencontre favori des jeunes gens de la proche banlieue, qui attendent devant le Rex, le Paramount ou le Berlitz, avant de s'attarder aux terrasses des cafés d'où ils reluquent les filles.

Au loin, la guerre stagne. Du moins, côté franco-britannique, car, à l'Est, les Allemands et les Soviétiques s'activent au partage de la Pologne. Le gouvernement Daladier décide de dissoudre le Parti communiste français. Mon père applaudit. Le 28 septembre, il n'y a plus de Pologne, Varsovie s'est rendue : va-t-on faire la paix ? Non, la guerre continue, une « drôle de guerre ».

A la fin d'octobre, Marcel apprend que notre voisin du fond de la cour, M. Simonnot, lui a trouvé une place chez René Gillet, fabricant de motos à Montrouge et fournisseur de la police de la route. On le met sur une machine, un travail sans intérêt, du moins un salaire ! A la mi-novembre, il passe aux horaires de nuit, ce qu'il ne déteste pas, car il sent un air particulier dans l'atelier, une sorte de complicité à être ensemble quand les autres dorment. Le rythme du travail plus décontracté, on discute, on sympathise, on rêve ensemble. Malgré le « chef de nuit », responsable pointilleux, exigeant et zélé, chacun se sent plus solidaire, un rien glorieux. Marcel se met à sa machine à huit heures du soir ; à minuit, arrêt casse-croûte, pendant une demi-heure, et reprise jusqu'à six heures du matin. Trente minutes plus tard, mon frère est au lit et dort jusqu'à deux heures et demie environ. L'après-midi, il va généralement se promener sur les quais où il écume les boîtes de bouquinistes, puis remonte le boulevard Saint-Michel, un livre ou deux sous le bras. Il se compose ainsi une bibliothèque, faite surtout de la collection Nelson, petite merveille blanche grâce à laquelle je découvrirai plus tard Victor Hugo, Alexandre Dumas, Pierre Loti et Cie.

L'hiver 1939-1940 est dur : neige, froid, verglas. Pour maintenir le moral de la nation, le Casino de Paris présente, fin janvier, la revue *Paris-London*, en l'honneur de l'Entente cordiale : Joséphine Baker et Maurice Chevalier la célèbrent en chantant. La guerre est très loin, du côté de la Finlande, dont les Soviétiques ont entrepris la conquête. Les communistes français sont mis au ban de la nation, leurs chefs sont poursuivis. Maurice Thorez, leur secrétaire général, qui a pris le chemin de Moscou, est déchu de la nationalité française par un vote du Parlement. Le père exulte. Lui qui a tant grognonné « Les cocos à Moscou ! » est exaucé.

Ma famille vit ces mois de drôle de guerre sans exaltation ni désespoir. La vie continue. Mon père n'a pas été mobilisé, en raison de ses six rejetons. Il oblitère les tickets d'autobus, après sa tournée aux Halles, et avant de reprendre ses travaux quotidiens au cellier.

Ma mère se démène pour me mettre à l'abri. Finalement, son oncle Arthur et sa tante Alice nous accueillent Marie-Thérèse et moi en Normandie. Nous y restons de septembre à décembre 1939. En raison des événements et de mes cheveux blonds, je deviens pour mon grand-oncle le « Petit Polonais ». Je me souviens de cette maison à colombage, coquette, fleurie, au milieu d'un verger de pommiers. Très fier, j'ai pris mes premières leçons de conduite automobile aux côtés d'Arthur, dans sa Juva Quatre. Il s'arrête souvent pour prendre tel ou tel. Un jour, c'est une paysanne. Il n'échappe pas à mon nez de citadin qu'elle sent très fort la vache. Je le dis innocemment, ce qui me vaut une torgnole de la part d'Arthur.

A notre retour à Paris, nous sommes saisis par le froid. On écoute le soir la TSF, mais les commentateurs sont incapables d'expliquer ce qui se passe, de décrire cette guerre qui n'est pas une guerre mais un interminable sur-place de hallebardiers d'opéra. Ce n'est pas la paix non plus, mais une attente irrésolue. Le soir, dans les chambres glaciales, on se glisse sous les couvertures avec une bouillotte.

Pour Marcel, la grande nouvelle du printemps 1940, c'est son installation au 15 de la rue Émile-Raspail. Depuis longtemps, il bataille pour quitter la grande chambre commune aux cinq frères et sœurs donnant sur un mur gris, sale, fissuré, qui le déprime. Dès lors qu'il rapporte un salaire, il demande à déménager. Maman en accepte le principe, car il lui semble, en plus, qu'il est temps de séparer les garçons des filles. Il y a eu un premier espoir de location : le petit appartement des S., au fond de la cour, au rez-de-chaussée du pavillon, s'est libéré. Ces deux pièces donneront plus d'aise à la famille. Mon père en convient d'autant plus volontiers que l'appartement dispose d'une cave bien fraîche où, depuis longtemps, il est autorisé à mettre ses bouteilles. Si ce logement tombe en d'autres mains, qu'adviendrait-il de sa cave ? Mes parents formulent donc une demande à nos propriétaires, M. et Mme O., qui refusent sans donner le moindre motif. Par chance, dès le lendemain, maman apprend qu'une chambre va se libérer au 15. En avril, mes frères en prennent possession en jubilant. Un lit pour deux, un bureau, une table de toilette, une chaise longue, quelques rayonnages, rien de plus, sinon un avantage sans prix : la liberté.

Marcel introduit le luxe dans ce nouvel univers en achetant un petit poste de radio. Pour éviter la réprobation paternelle (a-t-on bien besoin d'un second poste de TSF ?), Marcel prétend qu'il l'a gagné en participant à un concours du *Figaro littéraire*. Marcel exulte. Marcel est beau. Marcel domine de son mètre quatre-vingts. Marcel est musclé, Marcel est élégant, surtout depuis que grâce à son budget personnel il s'achète des cravates, un costume chez Billy, des chaussures qui brillent. Marcel coiffé à la mode de « l'embusqué », à savoir les cheveux en arrière, aplatis et sans raie, plaît aux femmes. Marcel est plus « Max » que jamais. Mais Marcel, comme tout le monde à

Arcueil le vendredi 10 mai 1940, est réveillé à cinq heures du matin par une alerte. Un peu plus tard, à l'atelier René Gillet, il apprend que l'armée allemande a envahi la Belgique, la Hollande et le Luxembourg. Le lundi 13 mai, les alertes se succèdent après minuit ; les Allemands font leur percée à Sedan ; ils foncent sur Paris. Ce même jour, Churchill s'adresse au Parlement britannique, déclarant qu'il n'a rien d'autre à offrir que sang, travail acharné, larmes et sueur (*I have nothing to offer but blood, toil, tears and sweat*).

La grande bataille est engagée. Arras, puis Amiens tombent. Suspendue à la TSF, ma famille apprend le 28 mai que le roi de Belgique Léopold a capitulé. Ce n'est qu'un cri : le traître !

Le gouvernement de la République laïque a tenté, en vain, de se concilier les faveurs divines : le dimanche 19 mai, le président du Conseil et ses ministres, y compris les francs-maçons, assistent à une messe d'action de grâces à Notre-Dame. Le dimanche suivant, les reliques de Sainte-Geneviève, patronne de Paris, tirées de l'église Saint-Étienne-du-Mont, sont promenées en procession sur la montagne qui porte son nom. Le dimanche 2 juin, Mgr Suhard, qui vient d'être nommé archevêque de Paris, confie le sort de la capitale au Sacré-Cœur.

Les beaux quartiers, plus réalistes que bigots, se sont déjà vidés : depuis 1870, il y a là une tradition de

« francs-fileurs ». Le 3 juin, Paris est violemment bombardé du côté des usines Renault, à Boulogne-Billancourt, et des usines Citroën, quai de Javel : on comptera 650 blessés et 250 morts. Le 4, les Britanniques et bon nombre de soldats français s'embarquent à Dunkerque, abandonnant aux Allemands leur matériel ; le port, devenu inutilisable, est évacué le 9 juin. Dans ce climat de débandade, reculade, débâcle, Churchill fait à nouveau entendre la détermination de l'Angleterre sur les ondes. Le 8, le front français est rompu sur l'Aisne.

A Paris, on décide de fermer les écoles primaires. Le dimanche 9 juin, une nouvelle vague de Parisiens fuient leur ville ; les Allemands ne sont plus qu'à une trentaine de kilomètres. Pierre a eu tout juste le temps de passer le concours de l'École pratique de commerce et d'industrie de Puteaux. Le jour du concours, les épreuves ont été interrompues à la mi-journée par une alerte : les Allemands bombardaient. Le 10, le gouvernement dirigé par Paul Reynaud quitte Paris pour Tours. L'ordre d'évacuer les usines a été donné ; chez René Gillet, on commence à démonter les machines. Le lendemain, comme convenu, Marcel se rend à son travail avec une lourde valise. Un camion arrive, en effet, mais il ne laisse monter que les femmes. Pendant ce temps, un nombre incroyable de réfugiés prend la route nationale vers le Sud. A pied, à vélo, en voiture, poussant des landaus surchargés, tirant des charrettes débordantes, un défilé de migrants hagards en provenance de la Belgique et du Nord de la France traverse Montrouge. Les gens affolés par ce spectacle, persuadés que Paris sera le théâtre d'une impitoyable guerre de rue, inquiétés par le départ du gouvernement, se mettent à leur tour en route, souvent pour n'avoir pu trouver un train dans les gares envahies et surpeuplées.

A Arcueil, branle-bas de combat. Maman apprend le 9 juin la mort de sa mère à Louvres. En vue des obsèques, elle s'achète un chapeau noir à voile de crêpe, mais doit finalement renoncer à ce triste déplacement, eu égard aux événements et faute de train : ma grand-mère n'aura droit qu'à un enterrement à la diable et en l'absence de la plupart de ses enfants. C'est qu'il faut partir !

La TCRP a lancé le mot d'ordre aux machinistes d'évacuer leur véhicule vers le Sud. Les autobus ont déjà contribué à l'effort de guerre : la moitié du parc avait été mis à la disposition de l'armée, pour évacuer, sous les bombardements ennemis, des populations du nord de la région parisienne. Le 10 juin, trois cents voitures sont réquisitionnées pour assurer le déménagement des ministères à Bordeaux ; une douzaine, pour assurer le transport de la presse. Plus étonnant : une vingtaine de véhicules sont destinés à transférer les prisonniers des maisons d'arrêt de la Santé et de Fresnes. Qu'on imagine cette séquence insolite : un convoi de bus stores baissés, bourrés de tôlards, les plates-formes réservées aux gardes mobiles l'arme à la main, se frayant un chemin sur les routes encombrées de la Beauce.

Le 10 juin, aucune ligne n'est plus exploitée. Plus de douze cents autobus fuient l'arrivée des Allemands. Une partie d'entre eux est réservée aux familles des agents de la TCRP. Le collègue et voisin de mon père, M. Husson, nous propose donc de nous emmener avec les siens. Les deux familles, l'une de deux enfants, l'autre de cinq enfants (Marcel reste à Arcueil), s'entassent dans le véhicule, lesté du strict nécessaire, des effets de rechange, quelques ustensiles de cuisine, des couvertures et quantité de boîtes de sardines. Sans compter le chapeau noir dont se coiffe maman, peut-être par remords de n'avoir pu accompagner sa mère au cimetière. Au dernier moment, Mme Charles, la tenancière du bistrot d'en face, demande à se joindre au convoi. M. Husson l'embarque et on part. Où ? A Bordeaux si possible ! Et au nom de la patrie : pas question que les Boches s'emparent du matériel.

Marcel, lui, continue d'aller chez René Gillet. Cependant, il ne compte pas attendre l'arrivée des Allemands. Le 13, il décide deux copains à quitter la ville à bicyclette. Il jette quelques boîtes de conserve, un peu de linge dans son sac à dos. Rien d'autre, car son vélo de course est dépourvu de porte-bagages. Les trois gaillards se mêlent à la foule inextricable qui, tous moyens de locomotion confondus, se dirige vers le Sud.

Pourquoi tant d'anarchie ? Des plans d'évacuation sont prévus depuis longtemps par les autorités françaises, mais le déferlement des réfugiés belges, la progression foudroyante des armées allemandes motorisées, le chaos des routes saturées, les bombardements des ponts, n'ont pas permis un repliement en bon ordre. Les villes et les villages en aval se vident de leurs habitants tout en ouvrant la porte des hôpitaux, des asiles d'aliénés, des couvents, des écoles qui se remplissent des réfugiés venus d'amont.

Comparativement aux milliers de familles qui font la route à pied, Marcel a de la chance avec son vélo. Il l'a acheté avec sa première paye. A dix-huit ans, on ne choisit pas n'importe quelle bicyclette, instrument qui connaît un véritable triomphe depuis l'instauration des congés payés par le Font populaire. Ironie des mots, c'est le socialisme qui a couronné la « petite reine » ! Fanatique du Tour de France, impressionné par le prestige des coureurs cyclistes, Marcel, comme tous les jeunes, a le goût du vélo de course, léger, équipé de boyaux et non de pneumatiques avec chambres à air, avec jantes en bois, s'il vous plaît.

C'est donc sur son vélo orange à quatre vitesses qu'à la moindre occasion il fait des randonnées dans la vallée de Chevreuse, terminées au sprint à l'aqueduc d'Arcueil ! Cette fois, la balade n'a rien de ludique, mais il apprécie la mobilité de sa bécane quand il voit les autos qui stagnent sur la route de Chartres. Et avec ça, il pleut ! Marcel n'a jamais mis si longtemps pour gagner Antony, puis Massy. Le soir, ce qui le désespère, ce n'est pas de dormir sous une porte cochère, mais de n'être qu'à Palaiseau. Un record de vitesse pour Max le sprinter !

Vendredi 14 juin, journée noire : les Allemands entrent dans Paris déclaré ville ouverte par le général Héring. Le gouvernement Reynaud est finalement parti pour Bordeaux. Marcel et ses camarades quittent Palaiseau avant l'aube et prennent la route d'Orléans. La file des réfugiés s'est épaissie, capharnaüm ambulant, bric-à-brac lamentable de pèlerins exténués et ne sachant à quel saint se vouer. Torfou, Étampes… Soudain, des avions allemands envahissent le ciel et lâchent leurs bombes : des maisons sont détruites, d'autres flambent. La route est jonchée de valises, de masques à gaz abandonnés ; on repousse sur les bas-côtés les carcasses de voitures calcinées. Sur la route de Boissy-la-Rivière, si familière à Marcel puisque c'est la route de Bierville, mon frère et ses camarades aperçoivent un petit peloton de cyclistes qu'ils ont tôt fait de reconnaître : c'est René Gillet et une partie de ses employés qui font équipe.

Samedi 15, après une nuit à l'auberge où ils ont pu s'entasser, nos cyclistes repartent vers cinq heures du matin. Ils s'arrêtent dans un village et se joignent à la longue file d'attente qui patiente devant la dernière boulangerie ouverte. Dans l'après-midi, Marcel et ses compagnons de route atteignent Orléans, franchissent la Loire dans un incroyable tohu-bohu et prennent la route de Vierzon. Les vélos se faufilent entre les voitures figées par des embouteillages à n'en plus finir. Brusquement, trois *Stukas* trouant le ciel piquent sur le long ruban des réfugiés, en faisant hurler leurs sirènes. Ce n'est qu'un cri ; tout le monde abandonne la chaussée, se précipite sur les bas-côtés ou gagne les champs, les bois alentour. Marcel s'est jeté dans le fossé plein d'eau ; des bombes tombent à quelques dizaines de mètres, la terre tremble, puis de grosses fumées noires montent vers le ciel. Les avions mitraillent maintenant les gens en pleine panique. Des soldats français, armés d'une mitrailleuse, tentent de toucher les avions allemands, mais en vain. Ils virent, s'éloignent, reviennent en mugissant, repartent encore. Est-ce la fin ? Oui, la route est redevenue libre, mais quel choc ! Pour Marcel, plus de peur que de mal : il est seulement trempé. La vraie poisse, c'est qu'un boyau de sa roue avant crève et qu'il doit le changer sous la pluie qui se remet à tomber. Plus tard, les cyclistes trouvent une maison abandonnée où passer la nuit.

Dimanche 16 juin, le petit peloton se met en route à l'aube. Peu après, Marcel aperçoit une file d'autobus. Il se renseigne, mais le véhicule Husson-Winock n'en fait pas partie ; il est plus en avant. Marcel pédale pour tenter de nous rejoindre, sans succès. Il s'assied pour attendre ses camarades, repart avec eux. Et crève encore. Faute de boyau de rechange, il roule un moment à plat, avant de trouver un cycliste pourvu de fil à boyau et d'une aiguille. Aussi habile qu'avec ses clous, en voulant l'enfiler, il la perd, la recherche à tâtons, à genoux dans l'herbe sous l'œil impavide des réfugiés qui défilent. Merde, merde et merde… Il est démoralisé, mais un copain providentiel lui tend une autre aiguille. Marcel a beau s'appliquer, il la perd à nouveau. Mais la récupère, l'enfile, coud, replace le boyau sur la jante, regonfle la roue, bref, il répare et repart avec son copain. Ils rejoignent les autres avant Vierzon. Le soir, ils sont à Bourges. Marcel ignore que nous y sommes aussi ; il passe la nuit dans la même ville que les siens sans le savoir.

Personne, dans le petit peloton, ne sait encore ce qui vient de se jouer à Bordeaux. Le Conseil des ministres a repoussé l'offre de Churchill, transmise par le général de Gaulle, d'une union franco-britannique. Paul Reynaud a donné sa démission, remplacé à la tête du gouvernement par le maréchal Pétain. Weygand est nommé ministre de la Défense nationale. Paul Baudoin, le ministre des Affaires étrangères, a été chargé de sonder les Allemands sur leurs conditions d'armistice.

Lundi 17 juin, Marcel et ses camarades reprennent la route au petit matin. Ils dénichent une boulangerie qui fait encore du pain et continuent leur chemin au milieu de la débandade de soldats, des réfugiés à pied qui avancent plus vite que les voitures. Ils passent par Levet, dans la campagne berrichonne, puis Châteauneuf-sur-Cher. Comme personne ne s'arrête, nul n'entend à la radio l'incroyable discours de Pétain qui fait généreusement « don de sa personne à la France », mais qui, sans même attendre la fin des négociations avec l'ennemi, déclare : « C'est le cœur serré que je vous dis aujourd'hui qu'il faut cesser le combat. » Ainsi, devançant la déclaration de l'armistice, Pétain désarme la France. L'envahisseur a tout loisir de progresser.

Mardi 18 juin, réveil brutal : Marcel et ses camarades apprennent que les Allemands seraient à dix kilomètres de Châteauneuf. La population s'apprêterait à la défendre au moyen de barricades : vieux et dérisoire réflexe de la guerre de rue. Dans les heures qui suivent, sans avoir vu les Allemands, la petite caravane de cyclistes atteint La Châtre, puis Guéret qui a été bombardée. Il fait chaud. Le département de la Creuse est pentu et il faut pédaler ferme sur les longues côtes en lacets. Le général de Gaulle a lancé son appel de Londres, mais peu de monde l'a capté, encore moins Marcel. Les Italiens (qui ont courageusement déclaré la guerre à la France en pleine débâcle le 10 juin) ont attaqué dans les Alpes.

Au niveau local, à la hauteur de Bourganeuf, à une trentaine de kilomètres au sud de Guéret, René, un des camarades de Marcel, en percutant un autre cycliste, a cassé le cadre de son vélo. Marcel, lui, fusille ses freins à la sortie de la ville. Le moral est à zéro, les amis cherchent une ferme pour faire étape. Après avoir essuyé un premier refus, ils sont reçus généreusement dans une autre ferme, tenue par une famille polonaise, qui les fait dîner à leur table et leur propose de les héberger dans leur grange. C'est là que Marcel et ses amis apprennent que l'armistice sera sans doute signé le lendemain, 22 juin. Ils restent quelques jours chez ces fermiers polonais, qui refusent toute rémunération. On est pourtant dix-sept à table !

La pluie s'est mise à tomber, comme pour rendre plus sinistres ces journées de défaite et de deuil. A Bourganeuf, presque tous les magasins sont fermés. Le jeudi 27, la plupart des réfugiés se rendent à la mairie où on leur alloue 60 francs par personne (l'équivalent de 20 euros). Nos cyclistes espèrent que les trains, réactivés, vont leur permettre de regagner Paris. En attendant, ils aident les fermiers aux champs, heureux de se sentir enfin utiles. C'est sous le soleil qui brille à nouveau qu'ils fanent, râtellent, engrangent. Et vont se rafraîchir dans la rivière. Le lundi 1er juillet, alors que Marcel va toucher son allocation à la mairie de Bourganeuf, il tombe sur Husson, qui lui explique qu'il a laissé tout son monde à Bourges. Ordre était de filer vers Bordeaux, mais désormais l'ordre est de faire demi-tour. Il rentre ! Husson accepte de prendre Marcel dans son autobus. Celui-ci, toujours à vélo, fonce faire ses adieux à la ferme et reprendre son sac. Il pédale vers Bourganeuf, crève, mais rejoint juste à temps Husson et son autobus, déjà bien rempli. Direction Guéret, La Châtre : l'exode en sens inverse. Pas pour longtemps, car le lendemain 2 juillet, alors que le convoi des autobus arrive au village du Poinçonnet, près de Châteauroux, il doit s'arrêter faute de carburant. Combien de temps va-t-on rester là ? Trois jours, selon les uns, huit jours selon les autres. Quelques jeunes voyageurs en profitent pour descendre et jouer au foot avec un chapeau noir de femme trouvé dans le fossé. Sous leurs coups de pied, le voile de crêpe du ballon s'envole gaiement. Mais Marcel n'est plus un enfant. Et Marcel ne veut pas s'attarder. Il reprend son vélo, gagne Châteauroux à travers de nouveaux embouteillages, la foule de réfugiés qui piétinent. Déjà au bord du découragement, il bute sur cet écriteau : « Le trafic vers Paris est interrompu. » Marcel se rend à la mairie dans l'espoir d'avoir des nouvelles de sa famille. Rien. Il erre dans Châteauroux, trouve à acheter son ordinaire : pain et pâté. Le soir tombe. Passablement abattu, Marcel regagne le petit village où stationnent les autobus et s'endort dans une forêt voisine.

Le lendemain, 3 juillet, il retourne à Châteauroux, où, après une longue attente devant une charcuterie, il obtient un peu de saucisson et de jambon. Chez un libraire, il dégote *La Tulipe noire* d'Alexandre Dumas, qu'il commence à lire une fois revenu au Poinçonnet. Cette lecture le calme, jusqu'au moment où Husson vient lui apprendre que dans le convoi des autobus où se trouvait la famille Winock il y a eu trente morts. Marcel replonge d'un seul coup dans l'angoisse. Plus tard, Husson annonce un redémarrage imminent grâce à un approvisionnement d'essence. Qui ne vient pas. Pis, les réfugiés doivent évacuer les autobus. Pagaille et colère. Marcel boucle son sac, remonte sur son vélo et reprend la route du Sud, en direction de Bourganeuf. Chemin faisant, il se fait un compagnon de route, un ancien coureur cycliste, avec lequel il dîne à Cluis, avant de le laisser filer. Marcel trouve à dormir dans une ancienne écurie.

Jeudi 4 juillet, après un léger casse-croûte, Marcel remonte sur son vélo à six heures du matin par un temps de cochon. La chaussée est trempée ; il roule, roule et arrive, lui-même trempé, jusqu'à Guéret. Rebroussant les côtes en lacets, « Max » le champion met pied à terre, toute honte bue, change de vêtements, repart. A Bourganeuf, il regagne la ferme des Polonais vers midi où il retrouve ses camarades qu'il se reprochait, pendant ses tribulations, d'avoir quittés.

Marcel reste dans cette ferme de la Creuse jusqu'à la mi-juillet. Deux fois par semaine, lui et ses amis vont toucher une allocation régularisée de 50 francs à la mairie de Bourganeuf. C'est avec cet argent qu'ils survivent, en s'achetant surtout des pâtes. Ils ne veulent plus être à la charge de leurs hôtes. La patronne leur a d'ailleurs fait comprendre… Elle les invite encore à leur table, mais ne fournit plus que la soupe et du pain sec. Bah ! c'est déjà bien beau. En outre, ils ont un peu l'impression d'être en vacances : ils se baladent, se baignent, chahutent dans la grange. Quand même, non seulement ils sont las de leur régime soupe, pain, nouilles, mais ils ont faim. L'exode étant l'époque des gens égarés, des enfants perdus, mais aussi des retrouvailles fortuites, par un coup de chance, à Bourganeuf, ils rencontrent Mme Quinault, la boulangère d'Arcueil, qui leur donne 100 francs !

Pour une fois, ils peuvent acheter des côtelettes et du fromage. Nouvelle aubaine pour Marcel, le lundi 15 juillet, sous la forme d'une lettre (je me demande comment il pouvait y avoir encore du courrier dans le remue-ménage d'alors). Notre tante Josèphe, la femme de Maurice Dussaule établi à Béziers, propose à Marcel qui lui avait écrit son désarroi de descendre chez eux. Ils se connaissent bien : quelques années auparavant, Marcel, atteint d'une pleurésie, a passé auprès d'eux sa convalescence. La décision est vite prise. L'exécution plus compliquée : il faut trouver une place pour lui et son vélo dans un car pour Limoges, puis attraper un train pour Toulouse, attendre des heures une correspondance pour Béziers. Finalement, il arrive chez Maurice et Josèphe. Georges, Andrée et Yvonne Dussaule y sont déjà.

A Béziers, Marcel reçoit enfin de nos nouvelles. Nous sommes rentrés à Arcueil sains et saufs à la fin juin. La situation générale se normalise en France, divisée en deux zones. Pour passer de l'une à l'autre et rentrer à Paris, Marcel doit se faire établir un certificat de résidence à la sous-préfecture de Béziers. Là, il obtient aussi un ordre de transport gratuit pour Lyon. Après avoir fait ses adieux à nos oncle et tante, il prend un train pour Sète, qu'il a le temps de visiter en attendant sa correspondance pour Lyon. Le 1er août, à Lyon, il monte dans un train en direction de Dijon, mais la locomotive s'arrête comme épuisée à Sennecey-le-Grand, au nord de Tournus : les voyageurs sont priés de faire le chemin jusqu'à la ligne de démarcation à pied : 18 kilomètres ! Là, dans l'après-midi, Marcel et ses compagnons de misère se voient refouler par un officier allemand qui exige d'eux d'autres papiers. Il faut aller les faire établir au village le plus proche, à Lux. On croit enfin détenir le sésame. Nenni ! A la gare, un nouveau barrage allemand réclame un laissez-passer de la Kommandantur, qui est évidemment fermée à cette heure-là. Marcel passe une nuit à l'hôtel puis rejoint la longue file d'attente devant la Kommandantur. Serait-ce fini ? Que non. Le papier ne sera signé que dans plusieurs jours. Tout le monde est dirigé vers un centre d'accueil, déjà rempli de réfugiés belges. Mon frère, blessé par une escarbille dans l'œil, arrive à dénicher un médecin : « C'est 50 francs, mais puisque vous êtes réfugié, ce ne sera que 30 francs. » Quelques heures plus tard, une bonne surprise tout de même : le laissez-passer est signé ; on pourra repartir dès le lendemain pour Paris. Après plusieurs changements dans des trains escargots, un transbordement en autobus parce qu'un pont a été coupé, Marcel est de retour chez lui dans la soirée. Tout le monde est là : bonheur de se retrouver ensemble après toutes ces semaines d'errance et d'angoisse.

J'ai suivi Marcel sur les routes de France grâce aux notes quotidiennes écrites dans un cahier rose de la marque « Pacific » (le nom s'imposait !). J'avais alors trois ans, je revenais moi aussi d'exode, un périple moins long que celui de mon frère aîné, mais d'où je garde les premiers souvenirs de mon existence, enrichis, il est vrai, au point de se confondre avec eux, des récits familiaux. Mon père, ma mère, mon frère Pierre et mes sœurs avions donc pris la route du Sud dans l'autobus de M. Husson, accompagné lui-même de sa femme, de son fils et de sa fille. Outre quelques autres personnes qui avaient des accointances avec la TCRP, notre équipée était complétée, je l'ai dit, par Mme Charles, quinquagénaire corpulente, un peu maquerelle, épouse d'un petit homme maigrelet et soumis surnommé Charlot, mais qui ne l'accompagnait pas, car il avait été mobilisé.

L'autobus roule au pas tant la route est engorgée. Mes sœurs ou mon frère vont plus vite à pied, en quête d'un litre d'eau (hors de prix, c'est le début du marché noir) ou d'un morceau de pain qu'on s'arrache. Dans certaines communes, les réfugiés sont mieux accueillis ; sur des tables dressées en plein air, on nous distribue une soupe chaude ou du Viandox. Nous dormons dans le bus, parfois dans des granges, à côté de soldats débandés en quête de vêtements civils pour éviter d'être faits prisonniers par les Allemands. On reste des jours sans se laver ; Mme Charles s'en accommode en se poudrant sans arrêt et en se tartinant de fard. Elle met un pittoresque particulier dans cette débandade. Dans le Loiret, des avions italiens nous bombardent ; tout le monde se rue dans les champs, les fossés, les petits bois proches. Malgré la peur, mon frère et mes sœurs rient à voir la grosse dame, étreignant un tronc d' arbre, autour duquel elle tourne sans fin, les yeux et les fesses dirigés vers le ciel.

A Orléans, la traversée de la Loire n'en finit pas. En attendant le passage, leur masque à gaz en bandoulière, mes sœurs et Pierre, déambulant dans la ville, voient des magasins pillés, des chaussures dépareillées de la marque André qui jonchent le trottoir, des soldats en déroute qui jettent leur fusil dans la Loire. Mais les enfants s'habituent vite à l'Apocalypse. La Loire franchie, notre bus met plusieurs jours pour atteindre Bourges, les Allemands sur nos talons. Là, les conducteurs des bus reçoivent l'ordre de débarquer leurs passagers et de continuer à vide leur route vers le Sud. On nous laisse tous en plan avec nos ballots le jour de la signature de l'armistice. Maman est d'autant plus catastrophée qu'elle a oublié son chapeau dans le bus.

En attendant un convoi de retour, nous sommes hébergés dans des bâtiments de ferme, où les femmes s'emploient à restaurer un peu de discipline et de propreté. Pierre et mes sœurs vont se balader. Du côté de la gare, ils tombent sur des trains de l'intendance de l'armée française en souffrance où ils découvrent des sacs de riz, des cubes de margarine, des plaques de chocolat, vrai trésor d'Ali Baba qu'ils pillent allègrement. Mon père a évidemment trouvé à s'occuper honnêtement en entretenant le jardin de la propriétaire. Dès que pointe le manche d'une bêche ou d'un râteau, son flair de jardinier les repère. Du coup, Pierre (fainéant !) est bien obligé de l'aider à son corps défendant, au lieu d'aller musarder dans les rues de Bourges.

Au bout de quelques jours, les autorités allemandes nous donnent l'ordre de nous rendre à la gare, où l'on nous entasse sur les plateaux des wagons de marchandises. C'est ainsi que nous rentrons vers Paris, la tête au vent, jusqu'au moment où le train s'arrête à Juvisy. Il fait nuit, nous sommes transis. On nous invite alors à monter dans les compartiments d'un train de voyageurs, où nous passons la nuit à l'arrêt. Le lendemain, des tirailleurs sénégalais, envoyés par les Allemands, nous aident à porter nos bagages vers un autre train. Enfin nous voilà de retour à Arcueil. Là, stupeur : nous avons été dévalisés. Plus rien dans le magasin, plus rien dans le cellier où s'alignaient les tonneaux de vin. Ma mère avait laissé les clefs de la maison à une voisine impotente, incapable de prendre le chemin de l'exode. Tous les magasins étant fermés, les gens du quartier restés à demeure l'avaient obligée à donner les clefs. Ils s'étaient servis sans scrupule et pris sans doute quelques bonnes cuites à la santé de la patrie encore plus cuite.

Enfin ! nous sommes tous réunis. C'est déjà une grande satisfaction. On échange les souvenirs de ces jours extraordinaires. Maman se désole encore de la perte de son chapeau. Marcel – qui soudain comprend tout – a la délicatesse de ne pas lui raconter que la très respectable coiffure maternelle a servi, du côté de Châteauroux, de ballon de foot.

L'exode avait fait bon nombre de morts ; il nous avait coûté un chapeau de deuil et quelques barriques de pinard.

6

Occupations

La France est coupée en deux par la ligne de démarcation : zone occupée, zone non occupée, dite « zone nono » ; elle sera de plus en plus partagée par la ligne d'opinion : Vichy ou France libre ? Pétain ou de Gaulle ? Collaboration ou Résistance ? Cette vision tranchée est rétrospective : le choc de la défaite laisse le pays abasourdi ; l'esprit public évoluera au gré des événements.

Au retour de l'exode, ma famille a pleine confiance en Pétain ; en 1944, elle sera unanimement gaulliste. Je me souviens de la photo du Maréchal puis du Général ornant le mur de notre escalier. Une évolution iconographique à la mesure de l'évolution collective. Au sein de ma famille, cependant, mon père se laisse plus longtemps piéger dans l'admiration naïve (celle de l'ancien combattant ?) du « vainqueur de Verdun ». Mais tous sont passés par une saison, variable dans le temps, « maréchalo-gaulliste » : quelques mois de double adhésion, accréditant fugitivement la thèse des futurs avocats de Pétain, selon laquelle celui-ci aurait été le bouclier, tandis que de Gaulle était l'épée de la patrie. Thèse en fin de compte insoutenable, surtout à partir de 1943, mais confusion assez largement répandue dans les deux premières années de l'Occupation. On ne prenait pas garde au contenu des décrets pétainistes ; on applaudissait à la mise à mort d'une république parlementaire chargée de tous les péchés. Même à gauche, on le verra bien dans la presse clandestine des mouvements de Résistance, la IIIe République est honnie en raison de ses défaillances.

Dans les écrits laissés par mon frère aîné, je relève donc cette apparente contradiction à nos yeux : un certain respect pour Pétain et une adhésion immédiate à de Gaulle. Dès le 31 août 1940, il note dans son journal : « La grande majorité de la population, malgré Mers el-Kébir et le blocus, souhaite la victoire anglaise… » Dieu sait pourtant si le torpillage de la flotte française à Mers el-Kébir par les Anglais a déclenché les fureurs anglophobes de la presse pétainiste. Mon frère n'a pas connaissance de la manifestation des étudiants à l'Étoile, le 11 novembre de la même année. Cependant, révolté par les articles du *Matin* (un des quatre quotidiens d'avant-guerre qui se sont maintenus à Paris depuis l'armistice, avec *Paris-Soir, Le Petit Parisien* et *L'Œuvre,* tous désormais à la botte de l'occupant), il fait savoir par une lettre adressée au journal collaborateur que la jeunesse française garde sa foi intacte dans la « victoire anglaise », que nombre de ses camarades écoutent régulièrement la radio de Londres, et qu'ils détestent la politique de la Collaboration visant à « bochiser » notre pays.

Le 1er janvier 1941, de noter : « Beaucoup de neige. C'est aujourd'hui la manifestation muette organisée par les Français de Londres. Pas un de nos compatriotes dans les rues entre 15 et 16 heures. J'étais au cinéma “Le Français”. » Quelques jours plus tard, tout en flétrissant la presse parisienne vendue aux Allemands, il écrit encore, malgré la rencontre du Maréchal et de Hitler à Montoire, au mois d'octobre précédent : « Courage, Pétain ! On les aura. » Comme les journaux mentent, il capte les émissions de Suisse romande ou, malgré le brouillage, Radio-Londres. C'est là qu'il apprend la progression des troupes britanniques en Libye, qui prennent Derna à la fin de janvier 1941. Jeudi 27 mars : « Vive la Yougoslavie ! Un coup d'État a chassé les ministres signataires du pacte tripartite, destitué le régent Paul et porté au pouvoir Pierre II. Vive la Yougoslavie ! Vive la France ! Vive la liberté ! » Chaque succès des Britanniques, puis des Alliés, chaque revers des Allemands, est ponctué d'exclamations victorieuses. Mais, le 22 juin, Hitler lance ses troupes sur l'URSS. Au mur de la chambre qu'il partage avec Pierre, Marcel épingle une grande carte du monde, où il suit les positions successives des forces ennemies en présence.

Le 14 juillet, à la sortie du cinéma l'Aubert-Palace, mon frère se mêle à une foule immense : « Cocardes tricolores, fleurs tricolores, habits tricolores, ce n'est qu'un flot tricolore. On fait le "V" de la victoire, on hue les Allemands et, soudain, je me rappellerai cet instant, qui restera sans doute comme un des plus émouvants de ma vie, nous entonnons au nez des officiers allemands qui passent une formidable *Marseillaise*. Jour mémorable. La France vit encore. » Le soir, il écrit un poème : « O Révolution qui fit la Liberté… » C'est par la poésie, souvent maladroite, enflammée, pleine de réminiscences, que Marcel résiste.

Le 7 décembre 1941, l'attaque des Japonais à Pearl Harbor provoque l'entrée en guerre des États-Unis : le conflit devient mondial.

Le 12 décembre, jour de ses vingt ans, Marcel

compose un long poème d'espoir qui s'achève en résolution personnelle :

Méprise le malheur passager sois stoïque
Et ne te dis jamais que tes fardeaux sont lourds
Avant d'être un héros il faut être héroïque
Conserve ta quiétude au long des mauvais jours

Dis-toi bien que des temps chaleureux vont renaître
Sois volontaire et marche avec les convaincus
Et songe que bientôt tu verras apparaître
Sur des horizons purs le soleil des vaincus.

Le 3 mars 1942, la RAF bombarde la région parisienne. Les vichystes et les collabos saisissent le prétexte de ces actes de guerre pour exciter l'opinion contre les Britanniques. Ils lui resservent Jeanne d'Arc brûlée par les Godons – comme si la Pucelle n'avait pas voulu bouter l'envahisseur. Marcel : « Ce sont les usines Renault qui ont été bombardées. Il y a, selon les journaux, 500 morts et 1 200 blessés. Aucune indignation, quoi qu'en dise la presse, dans l'ensemble de la population. Chez les jeunes, c'est même avec joie qu'ils voient s'effondrer les usines travaillant pour l'Allemagne. Nous ne sommes pas dupes de la presse. Est-ce que les Allemands n'ont pas tué des civils quand ils lâchaient leurs bombes sur Londres ? »

Dans les mois suivants, les nouvelles sont alarmantes. En Libye, Tobrouk est prise par les Allemands, qui font 15 000 prisonniers ; Rommel pénètre en Égypte, les Britanniques reculent toujours. Jusqu'au 2 juillet, date à laquelle l'Afrikakorps doit se replier après son échec du côté d'El-Alamein. Cependant, sur le front Est, en Europe, les troupes allemandes ne cessent de progresser.

C'est la question juive aussi qui devient dramatique en cette année 1942. Jusqu'alors, les miens ne s'étaient guère aperçus des persécutions antisémites : le Statut des juifs d'octobre 1940, aggravé en juin 1941, l'« aryanisation » des entreprises, le pillage des biens juifs, l'internement des juifs étrangers ou apatrides dans les camps de Gurs et autres, les premiers convois de « déportés raciaux » au printemps 1942, tout se passe comme s'ils ignoraient ces forfaits. Les choses changent soudain quand, sur une décision prise par l'Occupant, à la fin de mai 1942, les juifs reçoivent l'ordre de porter, dès l'âge de six ans, une étoile de tissu jaune cousue sur la poitrine, avec l'inscription : « Juif ». Un moyen pratique pour les exclure des cafés, des cinémas, des théâtres, des bibliothèques ou des piscines ; un moyen immonde pour les exposer à toutes les insultes et à toutes les tyrannies. C'est alors et alors seulement peut-être que les membres de ma famille prennent conscience du malheur juif, si j'en juge par le journal de mon frère : la visibilité d'une population autre, jusqu'alors ignorée (il y a environ 320 000 juifs en France ; ils sont peu nombreux à Arcueil), désignée au mépris public, provoque la compassion des miens. L'antisémitisme était à peu près inconnu dans ma famille. Mon père s'est souvent déchaîné contre Blum, mais non en tant que juif : c'est le chef du Front populaire qu'il maudissait. Je ne dirais pas qu'il n'existait à la maison aucun préjugé à l'endroit des juifs. Il y avait cette idée de leur « amour de l'argent » que mes parents partageaient sans doute, encore que je n'en aie aucune preuve. En revanche, le port de l'étoile jaune déclenche dans la famille une vraie émotion, une haine redoublée de l'Allemagne nazie.

Les rafles de l'été 1942 ont leurs répercussions à Arcueil, où beaucoup ignoraient que certains de leurs voisins étaient « israélites ». Je n'ai pas le souvenir que dans notre entourage on s'intéressait à l'identité confessionnelle des uns ou des autres. Et pourtant, mes parents, par le commerce de ma mère, appartenaient plus ou moins à cette petite bourgeoisie qu'on a si souvent décrite comme la plus sujette à l'antisémitisme. Voire ! Je peux en tout cas témoigner que, jusqu'à l'apparition de l'étoile de David sur les vêtements, les miens ignoraient la question juive. L'étoile en quelque sorte la leur révèle avec horreur. Mais sans autre effet, faute de proximité de voisinage. Simplement, Marcel, dans les rues de Paris, dans le métro, ne manque jamais de leur témoigner, au moins d'un regard, sa sympathie. Il note la fierté, la dignité de beaucoup d'entre eux. Et remarque à sa courte honte, puisqu'il a fallu cette étoile infâme pour le lui révéler, un type de beauté très spécifique chez les femmes.

Dans sa *Réflexion sur la question juive*, après la guerre, Sartre juge maladroite la sympathie témoignée, d'un coup de chapeau ou d'un sourire amical, aux porteurs de l'étoile. Il valait mieux, écrit-il, afin d'éviter de faire du juif un « objet de commisération », détourner les yeux. Je ne sais. Je comprends bien les raisons du philosophe ; je ne suis pas sûr pour autant que la raison du cœur soit plus mauvaise. Comment percevoir la moindre solidarité de la part de ceux qui détournaient leur regard, et qui pouvaient être confondus avec les pires antisémites ?

La famille est troublée, mais d'autant plus démunie qu'elle est obsédée par sa propre survie matérielle. De retour d'exode, Marcel n'a pu être réemployé chez René Gillet qui avait fermé ses portes. Chômeur, il passe de longs mois à aider mes parents. Le ravitaillement devient de plus en plus aléatoire. Il faut attendre pendant des heures chez les grossistes, pour obtenir quelque chose à revendre au magasin, et souvent rien du tout. Même les poireaux et les choux-fleurs sont devenus denrées rares et parfois introuvables. Les fournisseurs ne livrant quasiment plus, il faut aller s'approvisionner directement chez GRAP, chez Olida, chez Heudebert, aux Halles, avec une charrette, une brouette, une remorque de bicyclette. On marche sans arrêt dans la ville transformée par la pénurie d'essence : la bicyclette est « reine » pour de bon, le vélotaxi remplace les G7 d'avant la guerre ; les cordonniers n'ont jamais eu tant de travail. Les restrictions ont imposé les cartes d'alimentation, les tickets sont obligatoires pour tous les achats courants. C'est un cauchemar pour ma mère qui, à la fin de chaque mois, est tenue de coller sur des feuilles quadrillées *ad hoc* tous les tickets remis par ses clients, faute desquels elle ne pourra se réapprovisionner auprès de grossistes. Or il en manque toujours au moins un par rapport au registre qu'elle tient. Alors, la chasse commence. On la voit, ouvrant et fermant tous les tiroirs, grimpant sur une chaise pour inspecter les étagères, jusqu'au cri de soulagement quand elle retrouve la petite vignette gommée.

Se vêtir, se chausser exigent aussi des cartes spéciales qu'on se procure selon les quotas à l'annexe de la mairie d'Arcueil. Le pillage par l'Occupant et la raréfaction des importations ont réduit le marché de la laine, du coton, du cuir, comme peau de chagrin. On ne s'habille plus : on s'attife. Geneviève porte l'hiver un vieux pardessus de Marcel recoupé à sa taille mais fendu derrière. Pour comble de malheur, la gentille voisine qui lui a tricoté une paire de chaussettes n'a trouvé que de la laine vert pomme. Geneviève est mortifiée. Marie-Thérèse, plus frileuse et moins coquette, n'hésite pas à enfiler, par grand froid, un vieux pantalon de golf de Marcel. Au registre des chaussures, c'est pis. Chacun n'a droit qu'à un bon par an pour de médiocres tatanes à semelles de bois, dont le bruit vous annonce de loin. Quand Simone se fait voler son bon chez Ginoux, c'est le drame. Maman, à force de marcher à droite et à gauche, use deux fois plus ses chaussures sans pouvoir les renouveler. Elle fait une réclamation à la mairie, mais en vain. L'adjoint principal au maire, nommé par Vichy, un gros type à cigare qui travaille aussi à la Caisse des dépôts, ne se fendra du bon idoine qu'après avoir découvert à son travail la copie d'une satire écrite contre lui par Marcel (« Monsieur l'adjoint au maire est gras et bien portant… »). D'abord furieux, M. B. jugera préférable de démentir la poésie de Marcel.

Mon père, lui, a cessé d'oblitérer les tickets d'autobus. Les trois quarts des lignes ont été supprimées, et sur 3 500 voitures en service avant la guerre on n'en compte plus que 650, à cause du manque d'essence. Encore faudra-t-il équiper ces voitures pour qu'elles marchent au gaz – gaz de ville et gazogène au charbon de bois –, ou à l'alcool. On prend les vélos-taxis, mais surtout le métro, à l'apogée de son histoire. Il faut donc réduire les effectifs du personnel des bus, de moitié au moins. Plus de 10 000 agents sont mis, soit à la retraite anticipée, soit en « congé spécial de disponibilité », avec une indemnité mensuelle prévue pour quinze mois. Mon père, en raison de sa progéniture, garde son emploi, mais non sa place. Il fait partie de ceux qu'on oriente vers d'autres services publics. C'est ainsi qu'il se retrouve « visiteur des familles », au service de la préfecture de la Seine. Sa tâche consiste à s'enquérir des raisons pour lesquelles les Dupont ou les Durand n'envoient plus leurs enfants à l'école. Il découvre alors la vraie misère : certains gosses restent chez eux faute de chaussures ou de vêtements décents. Taudis sordides, surpeuplés, méphitiques ; sous-alimentation, alcoolisme, maladies en tout genre. On lui propose parfois un coup de rouge, qu'il refuse poliment. En rentrant le soir, il lui arrive, effrayé, de décrire ces bas-fonds. Ma mère dira plus tard que c'est dans cette descente aux enfers qu'il aura attrapé la tuberculose.

Heureusement pour lui, mon père a passé une sorte de contrat de métayage avec nos propriétaires :

il obtient l'autorisation de cultiver le grand jardin qui, derrière leur pavillon inhabité, était laissé quasiment en friche, contre la moitié de la récolte que Pierre livre à Joinville-le-Pont. Gaston le jardinier est à son affaire : allées bien tracées, planches de tomates impeccables, beaucoup de pommes de terre (et de doryphores !), salades, petits pois, et tout cela en pleine banlieue grise. Mais le rêve du père est le cauchemar des fils, sans arrêt réquisitionnés pour biner, ratisser, cueillir, planter, repiquer, tailler, élaguer, arroser. Ce « retour à la terre » les accable. L'emploi du temps du paternel devient de plus en plus précieux à connaître, car, dès qu'il arrive, la mobilisation jardinière est décrétée. Sans compter que Gaston élève aussi des lapins dans le cellier, où il construit des clapiers en amateur maladroit, sous le regard énervant du boulanger voisin qui veut toujours l'aider. Malgré tout, ce n'est pas l'abondance, il arrive à mes frères de manger les croûtes de pain qu'on leur a données pour Pataud, notre chien triste et efflanqué.

Pierre propose à nos parents de se rendre dans la Mayenne, à Commer, où il est déjà allé en colonie de vacances : selon lui, on pourrait peut-être y trouver du « ravitaillement ». Mon père ayant accepté, il part nanti d'un peu d'argent avec son ami Roland, à la fin de décembre 1942, pour une expédition de trois jours. Avant de visiter les fermes de la contrée, il a la bonne idée de passer voir le curé de la paroisse, qui les conseille, leur donne des noms et leur recommande de soigner leurs vœux pour le nouvel an : « *Bonne année, bonne santé, et le paradis à la fin de vos jours.* Dites bien ça à nos paysans, ils seront contents. » Formule plus ou moins magique puisque Pierre et Roland reviennent avec deux valises chacun, comme dans le film d'Autant-Lara, *La Traversée de Paris*, en se méfiant de la police à la gare Montparnasse. Ils ne rapportent pas du cochon comme Gabin et Bourvil, mais surtout du beurre et des volailles.

Marcel, toujours chômeur, aide son père au jardin, sa mère à l'épicerie ; il gagne aussi un peu d'argent en faisant l'arpète pour un artisan peintre : il lui tire sa voiture à bras, court lui acheter du papier peint ou des vitres. Mais ça n'est pas le pactole. Maman va donc voir le curé d'Arcueil, qui lui promet de parler de Marcel à M. B., directeur de la succursale arcueillaise de la Caisse des dépôts et consignations, rue Berthollet. Comme Marcel a la cote auprès du curé, et le curé auprès de M. B. grâce à sa pieuse épouse, quelques jours plus tard, Marcel est admis au poste d'« auxiliaire provisoire ». Une situation modeste mais qui assure le minimum. Notre père est évidemment furieux : sa haine des ronds-de-cuir n'a pas désarmé. Le 20 mai, après la visite médicale, Marcel prend son service à la Caisse d'Arcueil : classement, archivage, écritures, entrecoupés de nombreuses pauses. Ce n'est pas tuant, mais c'est assommant.

Simone, elle, continue à travailler chez Ginoux, le relieur-brocheur. Sérieuse, ponctuelle, appliquée, discrète, travailleuse, ouvrière modèle – et exploitée –, elle est désormais sur une machine à plier. Marie-Thérèse est toujours manutentionnaire dans l'atelier de chaussures de la rue Breguet, à Paris, qu'elle quittera en 1943, pour entrer à son tour à la Caisse des dépôts. C'est un grand soulagement : la station de métro Breguet-Sabin étant fermée, comme bien d'autres, par souci d'économie, Marie-Thérèse doit descendre à Bastille et faire le reste à pied. Leur petite sœur Geneviève, qui obtient son certificat d'études en 1941, suit les cours d'une école ménagère à Gentilly, avant d'entrer comme apprentie chez Ginoux, elle aussi.

Quant à Pierre, à partir de la rentrée 1940, il se rend chaque jour au collège technique de Puteaux à huit heures après une heure et demie de trajet. Métro Arcueil-Cachan, changement à Denfert-Rochereau, ligne Étoile-Nation jusqu'à Étoile, puis direction Pont de Neuilly, puis autobus, ou plus souvent marche à pied du Pont de Neuilly à Puteaux tant les autobus sont bondés. Pendant deux ans, faute de cantine, il doit apporter sa gamelle, qu'il fait réchauffer dans un café. Quand la cantine ouvrira, ce sera pis : la nourriture est si infecte que Pierre préfère se caler avec un quignon de pain et se promener à Bagatelle en économisant l'argent de son repas. Ce n'est pas le bonheur pour lui. Il est fort en maths, mais d'autant plus nul en travail manuel que son bleu de travail donné par un client de ma mère le gêne aux entournures : c'est le lot de Pierre, grandi trop vite, d'hériter de vêtements toujours trop courts. Il ne dispose même pas des outils obligatoires ; il est ainsi le seul élève sans pied à coulisse faute d'oser infliger cette dépense aux parents. Dans ces travaux d'ajustage, il a beau s'appliquer, il casse ses pièces et échoue régulièrement dans les exercices imposés. Il lui arrive, exaspéré par sa propre maladresse, de frapper son établi de coups de marteau rageurs. Parfois, un camarade ému par sa détresse lui donne un coup de main.

Ce n'est pas le dessin industriel qui le sauve : il est la risée de son professeur au moment de la remise des notes : « Winock ! votre dessin ressemble à des crottes de bique sur une route nationale ! » Heureusement, il y a d'autres disciplines ; Pierre est doué en français, en histoire, en géographie, mais surtout en maths. Il est parfois le seul de toute la classe à trouver la solution d'un problème de géométrie : sa copie circule, chacun le pompe allègrement. Un jour que le prof de maths est absent, le sous-directeur vient humer l'air de la classe et demande un volontaire pour faire une démonstration. Pierre lève la main, s'exécute assez brillamment pour obtenir des félicitations et un 19. C'est ainsi que, malgré son échec au CAP d'ajustage pour déficience manuelle, Pierre pourra monter en classe supérieure et obtenir son BEI (brevet d'enseignement industriel). A la maison, personne ne lui demandant des comptes sur son travail, il décide de préparer son brevet élémentaire, qui n'est pas au programme de l'école, mais qui pourra servir (et qui servira, de fait). Bûcheur, Pierre se fait prêter les livres et étudie seul les matières non enseignées au collège. Il est reçu sans difficulté.

Quant à moi, j'apprends à lire, à écrire, à compter, au jardin d'enfants des sœurs de Saint-Vincent-de-Paul, avant d'entrer à l'école publique d'Arcueil en 1943. Pour les vacances, ma mère m'a déniché une famille près de Lisieux. La première fois, en août 1942, Simone m'y a conduit. Elle est restée quelques jours à mes côtés, le temps que je m'habitue à mes hôtes. Le dimanche, nous participons à une farandole puis, soudain, je ne vois plus Simone : pour éviter des adieux déchirants, elle a préféré prendre le large sans effusion. Je reste une heure à pleurer. Par la suite, je me suis habitué à ces gens, jouant surtout avec Murielle, la fille de la maison, de trois ans mon aînée, à laquelle je dois mes premiers émois sexuels, en jouant au docteur. Maman me reprendra dans le courant d'octobre ; je reviendrais en Normandie en 1943, sans pleurer.

Je me demande bien ce que, mioche de cinq ans, je représentais pour Marcel, qui avait alors vingt et un ans. J'imagine qu'il devait être exaspéré par ce dernier venu, chenapan à ses heures, et mobilisant la bienveillance paternelle. Ces seize ans d'écart ne seront jamais comblés d'une façon ou d'une autre ; il me prend de regretter, mélancolique, l'occasion jamais offerte de nous être retrouvés loin de mes enfantillages.

Tandis que je fais de la patinette, Marcel, lui, fréquente un peu le théâtre, un peu plus le music-hall (Tino Rossi, Charles Trenet), mais surtout les salles obscures, à la porte desquelles se forment d'interminables files d'attente et leurs inévitables resquilleurs : pas un dimanche sans un film, et parfois deux. Au Madeleine, à l'Aubert-Palace, au Biarritz, au Paramount, au Max Linder, ou tout simplement au Cachan-Palace, Marcel avale bon nombre de navets style *Saturnin de Marseille*, mais aussi pas mal de bons films, voire de chefs-d'œuvre, dont le cinéma français n'est pas avare sous l'Occupation : *Sans lendemain* de Max Ophuls, *Madame Sans-Gêne* de Richebé, avec Arletty, *La Femme du boulanger* de Pagnol, avec Raimu et Ginette Leclerc, *Remorques* et *Gueule d'amour* de Grémillon, *Nous les gosses* de

Daquin, *Entrée des artistes* de Marc Allégret, avec Louis Jouvet… *Messieurs les ronds-de-cuir* de Mirande qui aurait pu être le film préféré de mon père s'il était allé au cinéma. Mais Marcel place au-dessus du lot *Les Visiteurs du soir* de Carné, avec Arletty et Alain Cuny.

Au cours de l'été 1942, une visite médicale suivie d'une radiographie révèle à mon père qu'il est malade. Exposé aux bacilles sur ses autobus, puis lors de ses tournées d'aide social, affaibli par un surcroît de travail et une mauvaise nourriture, il est atteint de tuberculose. Le nombre des victimes de cette maladie avait diminué régulièrement en France jusqu'à la guerre : 56 500 en 1930, 43 000 en 1936, mais la courbe est de nouveau ascendante depuis 1940, dépassant les 50 000 décès en 1941. Bien que la maladie ne soit pas nécessairement mortelle, c'est la plus grande cause de mortalité après le cancer. Le sanatorium s'impose, mais les places manquent. Mon père part le 7 août 1942 pour le sanatorium d'Évreux. La triste vérité est que mes frères et sœurs respirent. Quand, au bout de quelques mois, le père revient pour trois ou quatre jours en « permission », on le trouve moins maigre, reposé, et même souriant, sans doute heureux de retrouver les siens. Si seulement il était toujours ainsi, si seulement nous pouvions l'aimer ! Hélas ! dès le lendemain, son irascibilité, ses mesquineries refont surface. Je suis trop jeune pour comprendre à quel point il fait souffrir mes frères, car, en tant que dernier, je suis son « petit prince ». Je l'aime bien, mon papa ; quand il nous arrive de jouer aux cartes, il s'énerve parce que je triche et je le trouve drôle. Or, le voilà désormais entré dans le cycle affreux d'une maladie réputée incurable, pensionnaire intermittent des lugubres sanas, interdit de travail.

Heureusement, depuis le mois de mai 1941, Marcel est entré à la succursale d'Arcueil de la Caisse des dépôts. Pour nous, la « Caisse », comme on l'appelle familièrement, est un lieu de mémoire puisque, outre mon frère aîné, deux de mes sœurs y seront employées, Marie-Thérèse, en 1943, et Geneviève, en 1945.

A Arcueil, la Caisse occupe un ancien établissement des pères dominicains, dont certains avaient fini comme otages sous les balles des communards au cours de la Semaine sanglante. Les bâtiments situés sur le versant ouest de la vallée de la Bièvre, le long de la voie ferrée, sont flanqués d'une petite aire de sport, notamment d'un terrain de basket, et prolongés par un parc

Son siège est à Paris, rue de Lille, et c'est la plus grande banque de France. Fondée en 1816, elle cumule les fonctions de caisse d'épargne, de fonds de retraite, de dépôt des retenues opérées sur les agents des services publics, etc. Mon frère ne verra pourtant jamais passer sous ses yeux le moindre billet de banque : son poste d'employé est purement bureaucratique. Il travaille par à-coups, jouissant de nombreuses pauses accordées ou volées : le chef de bureau, sans se prendre pour un adjudant, pousse juste quelques gueulantes quand son équipe en remet dans les gamineries ; au pis, il lui arrive de baisser les coefficients de ses employés dont le salaire dépend d'un système de notation, mais la chose est rare, car il est plutôt bon enfant.

Dès son arrivée à la Caisse, Marcel rencontre un Méridional disert, Olaviani, avec lequel il peut parler de tout : de la situation politique (ils sont assez d'accord, tous deux gaullistes, Olaviani un peu plus socialiste), de Dieu (Marcel est croyant, l'autre incroyant mais…), de la poésie et des arts en général, de Victor Hugo (que défend mon frère), de la société à reconstruire (« Tout est à refaire ! »)… Et quand les sujets s'épuisent, les deux jeunes gens jouent aux morpions comme des collégiens.

Marcel, sentant qu'il y a quand même mieux à faire, propose à ses collègues de monter une bibliothèque. Avec enthousiasme, chacun paye une cotisation pour l'achat des livres. Marcel soumet une liste de titres et tous les samedis va flâner sur les quais et fouiner dans les boîtes des bouquinistes. Achetant tantôt pour lui, tantôt pour la bibliothèque, il revient à Arcueil avec sa grosse sacoche en cuir usé bourrée de livres. Olaviani l'accompagne parfois dans ses expéditions.

Autodidacte pur, non seulement sans mentor, mais houspillé toute son adolescence par un père qui ne supporte pas qu'il lise au lieu de l'aider au jardin, à la cave, à la remise à bois, Marcel va pourtant d'instinct droit aux grands auteurs. Avec Gide et *Les Nourritures terrestres* comme livre de chevet, il savoure Proust, Martin du Gard (« L'été 1914 » des *Thibault* le transporte), mais aussi, bien sûr, les poètes, notamment Péguy dont il achète 190 francs *Poésies complètes* dans la Pléiade. Il conseille les autres, les initie à la littérature, les encourage en lisant lui-même à haute voix. A force de recherche, il se constitue une vraie bibliothèque : l'autodidacte de Sartre utilisait l'ordre alphabétique. J'en ai connu un autre qui programmait ses lectures dans l'ordre chronologique. Aucune méthode chez Marcel : au hasard de la fourchette, il pique dans les chefs-d'œuvre.

En dehors de la lecture, il participe activement à la grande occupation qui mobilise sa classe d'âge : le jeu de l'amour et du hasard. A la Caisse des dépôts qui, comme toute grosse entreprise, réunit tant de jeunes gens, Marcel fait son éducation sentimentale. Cachant sa timidité sous une fierté un peu distante, il n'a rien de triomphant, mais il aime regarder les femmes et les femmes le regardent. Femmes apparues à la fenêtre, voisines de cinéma, voyageuses croisées dans le métro, autant de beautés disparues comme des « bonheurs entrevus ». Mais, dans ce lieu de travail, les belles reviennent le lendemain ; le bonheur de les revoir ne tient pas aux aléas de la vie.

Marcel craint de confondre l'amour et le faux amour. Mais quelle est la différence ? Selon lui, toutes les amours sont destinées à s'éteindre, donc à se révéler illusoires. Certaines émotions durent plus ou moins, mais les pulsions finissent par s'émousser, les fièvres deviennent évanescentes. Marcel ne veut pas être dupe. Il veut aussi éviter le danger suprême : tomber dans les bras de celle que Montherlant appelle l'Hippogriffe. En bon lecteur des *Jeunes Filles*, notre candidat à l'amour ne veut pas se laisser mettre le grappin dessus. Fort de ces résolutions, il s'avance le cœur battant mais la tête froide. Vendredi 15 mai 1942 : « Je dois m'avouer quelque peu amoureux de Mlle F. Aujourd'hui elle m'a adressé des sourires et quelques mots. Mais quels sourires et quels mots ! » Dès le lendemain, subit refroidissement des ardeurs, après un passage en revue des qualités et défauts de Mlle F. : « Non, je ne suis pas amoureux. » Victoire de la lucidité ou défaite de l'amour ? Le séducteur qui sommeille en lui ne s'embarrasse pas de telles questions, mais son âme sensible répugne à la collection et à l'opportunisme. En fait, Marcel attend l'Amour, la rencontre décisive, la compagne définitive. Bref, à vingt et un ans, mon frère a beaucoup lu, trop lu dirait un libertin pour une fois d'accord avec mon père.

Mlle F. oubliée, une Mlle G. occupe le devant de la scène. Regards ambigus, sourires esquissés, circonvolutions. Plus à l'aise la plume à la main, Marcel écrit une lettre. Les jours passent, la déclaration (une déclaration voilée, toute légère, toute désinvolte) reste dans sa poche. Il apprend par cœur le poème de Victor Hugo : « Amour ! Loi, dit Jésus. Mystère, dit Platon, etc. » Il écrit dans son carnet : « Obsession, oubli de tout ce qui ne rappelle pas l'être aimé. » Vraiment ? Le même jour, 31 mai 1942, il note dans son cahier qu'un millier de bombardiers britanniques ont lâché sur Cologne un ouragan. Voilà une « obsession » bien volatile. *Exit* Mlle G. Connaissant son goût pour les chansons, dont il achète les partitions à Chanteclair, sur le Boul'Mich, on peut imaginer Marcel sifflotant le couplet que Tino Rossi lance cette année-là : « C'est un chagrin d'amour / Tant de désir, tant de plaisir / S'en vont sans revenir [...] On se lie pour toujours / Mais toujours c'est bien court... » En fait, Marcel aime les musiques moins langoureuses. Le soir il écoute : « Mademoiselle Swing » chantée par Irène de Trébert, avec l'orchestre de Raymond Legrand. Mieux encore : « Swing Troubadour » de Charles Trenet (« Swing Troubadour / Ton destin, Swing Troubadour / C'est d'chanter le bonheur / Même si ton p'tit cœur est bien lourd »).

Swing ! Swing ! Swing ! Marcel, qui lit alors *Humain trop humain* de Nietzsche, a certainement noté en chantonnant « Pleur' pas mon vieux / Tu vivras et tu verras mieux / Tous les p'tits cœurs / Qui s'donnent sur la rout' du bonheur… » que cette version musicale du dépit amoureux a sa traduction plus philosophique dans Nietzsche (« Quelques hommes ont soupiré de l'enlèvement de leur femme, la plupart de ce que personne ne voulait la leur enlever »).

Mais voilà qu'apparaît une nouvelle jeune personne, les cheveux courts, dix-huit vingt ans, jolie. Elle aurait un enfant de deux ans, dont le père serait à Toulon. Ah ! D'ailleurs, le souvenir de Mlle G. lui interdit encore de jeter un regard sur Mireille qui, tout de même, semble participer de la lumière de ce mois de juin. Marcel note une phrase de Gide, dans *Voyage au Congo* : « L'air parfois souffle si léger, si suave et voluptueusement doux, qu'on croit respirer du bien-être. » C'est sans doute pour compenser ces pensées éthérées qu'il file au petit stade de la Caisse, soulève des haltères, lance le poids, court plus vite que les autres.

Le bel été est là et avec lui fleurit l'enthousiasme.

L'Allemagne ne vaincra pas, le nazisme tôt ou tard s'effondrera ! Pourtant, les troupes soviétiques cèdent toujours du terrain sous le rouleau compresseur germanique. Et puis la pluie revient : le 14 juillet 1942 est sinistre, sans drapeau, sans musique, sans fleurs, sans sourires, sans joie. « La Patrie et la Liberté sont en deuil. » Il pleut encore les jours suivants, à peu près sans discontinuer. Le spleen s'installe. Non. Car, soudain, une page d'Histoire est tournée. Le 17 août, les « forteresses volantes » des Américains commencent à bombarder l'Europe, la gare de triage de Rouen est atteinte. Deux jours plus tard, les Anglais et les Canadiens débarquent à Dieppe. La bataille fait rage, le débarquement échoue, mais l'espoir renaît. L'amour aussi peut-être…

C'est le moment, en effet, où la belle Mireille entre vraiment dans la vie de Marcel. Ils se sont souri ; elle a l'air attirée. Il goûte ces prémices d'idylle : premiers regards, premiers sourires, le sang qui monte au front. Ils décident de se revoir à l'abri des regards si indiscrets, si avides d'observer ce quelque chose qui germe.

Il en sait un peu plus sur le compte de Mireille : elle a été mariée à l'âge de seize ans, pendant trois mois seulement ; elle n'a pas d'enfant, c'était un racontar.

Dimanche 30 août 1942, ils partent bras dessus

bras dessous au bois de Boulogne ; ils se tutoient ; ils se racontent ; ils se découvrent. Marcel est en vacances pour une quinzaine, mais il restera près d'elle, il la rejoint en fin d'après-midi au jardin du Luxembourg, passe presque toutes ses soirées avec elle ; ils savourent le trouble des premiers baisers, s'échangent des lettres. Que Paris est beau en ce mois de septembre ! Et si l'orage éclate, Marcel se remémore Gide : « Ce soir une bourrasque lamentable sanglote et ruisselle contre ma vitre ; je m'efforce de la préférer à tout. »

Le lecteur de Montherlant reste néanmoins vigilant. Cette femme parle déjà d'un avenir commun, ne va-t-elle pas un peu vite ? Se souvenir de l'Hippogriffe. Est-ce cette réserve, sa peur d'être leurré, qui rend parfois leurs conversations moins gaies, qui introduit une certaine gêne entre eux ? Pourtant, ils ne se lassent pas de marcher côte à côte chaque soir, main dans la main, dans ce paysage de banlieue, la vallée de la Bièvre, la route qui longe le fort des Hautes Bruyères, et, quand la pluie se met à tomber, ils aiment se retrouver sous un même imperméable, joue contre joue. Elle a décidé de l'appeler « Marc ».

Marc a parfois des silences un peu pesants, des séparations un peu brusques, courts stratagèmes de l'amour (l'aimerais-je plus qu'elle ne m'aime ?), marivaudages sans lendemain (paraître moins amoureux que je ne suis en réalité), tête-à-tête légèrement cruels dans lesquels chacun éprouve l'autre, brèves bouderies qui s'achèvent en se serrant très fort. Et petit sonnet gribouillé dans les notes.

Que tu te livres tout entière
A l'intrigue fine de charme
Là plus câline ou plus altière
Et rien en moi qui ne s'alarme

Mais sur le bord de ta paupière
Brille ton cœur dans une larme
Alors c'est bien cette prière
Si fervente qui me désarme

Et que ta fierté soudain semble
Plus faible et moins cruelle pour
Que ta voix plus naïve tremble

Dans l'ivresse qui ne me quitte
Cueillant la peine qui t'habite
Ma lèvre boit ton sang d'amour

La pluie de novembre est revenue, mais tout va changer. A la radio, les bonnes nouvelles affluent. Le dimanche 8 novembre, les Américains et les Britanniques débarquent au Maroc et en Algérie. Le 10, Oran est prise. Les Allemands ripostent en envahissant en France la zone non occupée ; les Italiens s'installent à Nice et en Corse. Le 11, à la Caisse des dépôts d'Arcueil, Marcel et ses camarades chantent en chœur l'anniversaire de la victoire de 1918. Le 12, les troupes de Hitler et de Mussolini débarquent en Tunisie. A Alger, où le général Giraud est nommé commandant en chef des forces armées, l'amiral Darlan s'est rallié aux Américains, au grand dam de Pétain qui le déchoit de toute fonction publique et de tout commandement militaire. Sur le front Est, à Stalingrad, les Soviétiques ont arrêté l'offensive allemande. A Toulon, pour ne pas tomber aux mains des Allemands, la flotte française se saborde ; trois sous-marins s'échappent et gagnent Alger. Le 30 novembre, l'île de la Réunion se rallie à la France combattante. Le 24 décembre, Darlan est assassiné à Alger. Vichy s'est démasqué, où Laval a déclaré : « La victoire de l'Allemagne empêchera notre civilisation de sombrer dans le communisme. La victoire des Américains serait le triomphe des Juifs et du communisme. Quant à moi, j'ai choisi ! » Cette fois, les choses sont claires ! Débarquement allié en Afrique du Nord et début de la contre-offensive soviétique à l'Est : le vent tourne, enfin !

« Le ciel est bleu, chante alors Trenet, réveille-toi !

/ C'est un jour nouveau qui commence ! » Jamais, depuis le début de la guerre, Max-Marc-Marcel n'a éprouvé une telle envie de chanter : « Ah ! qu'il fait bon d'avoir notre âge ! / Ah ! qu'il fait bon d'avoir vingt ans… »

7

Le livre de mon frère

Ça fait toujours long feu, l'état de grâce : après l'euphorie de la fin 42 marquée par le débarquement des Alliés en Afrique du Nord, après la contre-offensive soviétique à l'Est, bref, après les premières notes de la marche funèbre du IIIe Reich, il faut déchanter. Hitler décide en effet de faire occuper l'ensemble du territoire français : le 11 novembre, la Wehrmacht franchit la ligne de démarcation. Adieu zone nono !

Alors qu'une partie de son entourage presse Pétain de gagner Alger (un avion est prêt), le géronte s'opiniâtre à rester à Vichy, comme si de rien n'était, entretenant la fiction d'une souveraineté française, rompant les relations diplomatiques avec les États-Unis, désavouant les Français libres qui ont débarqué avec les Américains au Maroc et en Algérie. A Casablanca, le cuirassé *Jean-Bart* a donné du canon sur le *Massachusetts* des Américains. Ô patriotisme ! Le général Noguès, absurde incarnation du *perinde ac cadaver*, écrit au Maréchal pour vanter l'héroïsme de ses troupes qui ont résisté à l'« invasion américaine ». Bilan : plus de 800 Français sont morts pour empêcher les Américains de venir les libérer. Laval, reçu par Hitler, lance même un appel aux volontaires désireux de combattre pour la « défense de l'Empire ». Ce n'était pas une alliance militaire officielle avec l'Allemagne, mais pas loin.

Pour notre famille, il n'y a aucune équivoque : Pétain, Laval et leur grotesque révolution nationale, c'est pire que du toc, de la trahison pure et simple. On se regonfle aux messages de Radio-Londres : « La victoire est certaine. Venez y participer. » Même mon père, l'ancien de 14-18, fervent admirateur de Pétain, prête désormais une oreille approbatrice aux « Français qui parlent aux Français ». Le voisin boulanger, dépourvu de TSF, vient régulièrement écouter les bulletins de la France libre chez nous.

La situation en France s'assombrit encore en janvier 1943, lorsqu'on apprend l'exigence de l'Occupant : 250 000 travailleurs français, pas moins, doivent être livrés à l'Allemagne. Au mois de février, Laval instaure le STO (Service du travail obligatoire), qui vise les jeunes gens nés en 1920, 1921 et 1922. Marcel se trouve donc dans le collimateur.

Mardi 16 février. – J'ai été me faire recenser ce matin. Toute la journée, j'ai pensé que j'échapperais peut-être à la réquisition. Mais ce soir ma mère me remet une lettre m'enjoignant de me présenter demain à 10 heures à l'annexe de la mairie pour subir un examen médical. L'ordre provient des autorités d'occupation. J'ai grand-peur de recevoir bientôt une feuille de route pour l'Allemagne. Ce soir, j'en parle à Mireille, dans ce café de la place Gambetta, à Cachan, où nous étions si heureux jeudi dernier. Aujourd'hui nous en sommes à envisager notre séparation. Mireille me dit vouloir me suivre en Allemagne, mais moi, je ne veux pas y aller. Je me cacherai, je me réfugierai à la campagne.

Mercredi 17 février. – Vais avec F. passer la visite médicale. En mentant un peu, je réussis à me faire verser dans la catégorie des inaptes.

Son ami F. est aussitôt expédié à Berlin. Le cas de Marcel sera réexaminé, car rien n'est définitif. On le convoque donc une semaine plus tard, pour compléter son dossier de recensement. Marcel n'a guère à mentir aux médecins ; ses forces l'abandonnent comme en témoigne, au début du mois de mars, son expédition à Saint-Omer avec Simone pour le mariage d'une cousine. Le trajet est épuisant : faute de train direct, il change à Hazebrouck, passe une nuit dans la gare. Les deux jours suivants consacrés à l'interminable festin l'accablent. Quand on demande à Marcel une chanson, à bout de force, il renonce. Il rentre à Arcueil épuisé.

> *Vendredi 12 mars.* – Reçois ce matin un pneumatique qui m'assigne de me rendre rue Taitbout afin de passer une contre-visite médicale. J'ai affaire à un médecin hargneux qui me prend pour un fumiste. Il faudra que je revienne dans huit jours avec un certificat médical.

En fait, sans le savoir, il est déjà très malade, mais son immense fatigue en ces premières semaines de 1943 et le fait d'avoir un père soigné pour tuberculose au sana ne sauraient l'exonérer. Sa santé se dégrade, la fatigue le terrasse. Il passe deux radiographies coup sur coup qui ne trompent pas. Le médecin de famille, le Dr P., lui ordonne un mois de repos. Il entame un traitement, des injections de je ne sais quoi sous forme de piqûres intramusculaires. A la fin d'avril, le médecin de la Caisse des dépôts lui donne trois mois de congé-maladie, renouvelables. Les nuits deviennent plus longues, le sommeil se dérobe. Néanmoins, Marcel se réjouit : il a échappé au STO et il connaît des compensations amoureuses.

> *Vendredi 5 février.* – Où Mireille me paraît la plus belle, c'est dans sa tenue de travail, en blouse. Quand elle m'a fait appeler ce matin et

> que je l'ai retrouvée dans la galerie tout ensoleillée, ce fut un ravissement pour moi.
>
> *Samedi 13 février.* – Mireille passe l'après-midi chez moi. Elle devait me quitter vers quatre heures et demie, mais elle décide de rester. Le soir, je m'arrange comme je peux et lui apporte quelque nourriture. Nous passons ensemble notre première nuit d'amour. Toute la journée du dimanche, Mireille reste chez moi. Je réussis assez facilement à lui apporter le petit déjeuner, puis le déjeuner.

Tout cela ne saurait se faire sans la complicité de Pierre qui partage sa chambre. En fait, c'est Pierre qui doit « s'arranger » pour dormir ailleurs sans que nul le sache. Mais Pierre, déjà naturellement dévoué à son aîné, est de surcroît généreux. Et malin : s'avisant que le logement des propriétaires est toujours vide, il s'y introduit par une fenêtre mal fermée. Il y passera autant de nuits d'hiver qu'il faudra, enveloppé dans une couverture, à même le sol.

Les jours de visite de Mireille, en général le samedi et le dimanche, Marcel prend ses repas au 13, avec le reste de la famille et prélève, en douce, dans la cuisine de quoi nourrir sa bien-aimée restée au 15.

> *Dimanche 28 mars.* – Passons la journée chez moi. Mireille fait sa cuisine dans ma chambre ; je la ravitaille comme je peux. J'étais tout chargé

> hier soir. En revenant du Normandie [le cinéma], il était près de minuit, je suis allé chercher chez ma mère une poêle, une assiette, une cuiller, des pommes de terre enveloppées dans une serviette, une tasse contenant des confitures, du pain, une casserole de lait, une cannette de bière… Je n'avais que deux mains et deux poches de pardessus pour porter tout cela, à travers la nuit noire.

Son attrait pour Mireille s'amenuise pourtant sous l'effet de douleurs intermittentes. Et cela se voit, malgré ses efforts.

> *Vendredi 2 avril.* – Ce matin Mireille me donne une longue lettre, dans laquelle elle me supplie de l'aimer. Certaines phrases d'elle me font penser aux lettres de Juliette Drouet à Victor Hugo. J'ai beau continuer de vivre à ses côtés, à la suivre dans nos longues promenades, je me sens désirer de moins en moins sa présence. Ce n'est pas elle que j'ai envie de fuir. En ce moment, je ne pourrais aimer aucune autre femme. Une séparation d'avec elle me laisserait aujourd'hui indifférent. Quand la fatigue m'envahit comme aujourd'hui, je n'ai qu'un désir : être seul ; je n'ai plus la force d'aimer.

Maman ne se rend pas bien compte de la gravité de son état. Pourtant, elle a conscience que Marcel a besoin de repos. Convaincue qu'elle doit lui trouver un refuge à la campagne, elle contacte à nouveau sa tante Alice et son oncle Arthur Fieffé, d'Illeville, en Normandie, où je suis moi-même allé avec Marie-Thérèse en 1939. Ils acceptent de recevoir Marcel. Mireille au désespoir doit se résigner.

> *Jeudi 6 mai.* – Pierre m'aide à porter ma valise jusqu'à la gare Saint-Lazare, où, évidemment, je ne trouve aucune place assise dans le train. Je m'assois sur ma valise, près des toilettes. A Serquigny, Alice m'attendait. Nous avons pris un autre train pour Saint-Léger, où se tenait Arthur avec deux bicyclettes sur lesquelles nous chargeons nos bagages. La maison de mon oncle est spacieuse et coquette, au milieu d'un verger, éloignée du bourg. C'est ici qu'il ferait bon vivre à la saison des fruits et du soleil. Aujourd'hui, le temps est maussade, il fait froid. Je passe une mauvaise nuit, la douleur ne me quitte pas.

Marcel tente de se reposer. Une infirmière des environs, Mme Coty, lui fait ses piqûres. Alice lui recommande des promenades, mais la moindre marche l'exténue.

> *Mardi 18 mai.* – Rends visite à Mme Coty, pour ma piqûre. Elle me parle de tout avec une gentillesse extrême. Elle me dit sa joie de la défaite italo-allemande en Tunisie.

Cinq jours auparavant, en effet, les dernières troupes allemandes et italiennes se sont rendues ; la Tunisie est définitivement aux mains des Alliés. Mais tout n'est pas aussi réjouissant : à Varsovie, le soulèvement des juifs dans leur ghetto est maté.

Sur le plan personnel, dans la maison d'Illeville, l'atmosphère devient lourde.

> *Lundi 31 mai.* – Comme le temps s'éclaircit après une fraîche matinée, ma tante me pousse à aller au bois. J'ai l'impression que je gêne. Dieu sait pourtant si je ne fais pas de bruit. Mes seuls moments de plaisir sont ceux où ma tante et mon oncle me laissent seul à la maison ; je me sens alors plus libre. Alice semble avoir toujours quelque chose à me reprocher. Ses réflexions semblent autant de remontrances. L'autre matin, avant même que j'aie le temps de lui dire bonjour : « Ah ! cette nuit, là, me dit-elle, vous ne pouvez pas dire que vous n'avez pas toussé, je vous ai bien entendu ! » Est-ce ma faute si je tousse ? Et si cela la gêne, que ne le dit-elle pas franchement, je partirais de chez elle ! Je m'ennuie ici. Mon oncle et ma tante se querellent. Elle est pleine de sous-entendus ; lui, plein de susceptibilité. Et j'ai souvent l'impression d'être la cause de leurs dissentiments. Parfois, pourtant, règne la bonne humeur. Mon oncle nous

raconte des histoires de jeunesse, le soir, après dîner, jusqu'au moment où, constatant l'heure, il allume son poste de TSF, et nous entendons : « Ici, Londres ! » C'est sans doute le meilleur moment de la journée, cette voix entendue d'outre-Manche, cette voix française qui nous parle de la Résistance et de la victoire prochaine.

Malgré ses souffrances, aiguisée par elles peut-être, la foi religieuse de mon frère ne faillit pas. Régulièrement, réapparaît dans les pages de son journal la double prière chrétienne : « Mon Dieu protégez-moi » et « Que votre volonté soit faite ». J'ai du mal à comprendre.

Vendredi 4 juin. – Cet après-midi vais au bourg d'Illeville. Comme les sentiers sentent bon ! Des enfants tout au long du chemin me disent bonjour. Soudain se dessine à l'horizon l'humble clocher de campagne. Je pousse la porte étroite et basse de l'église, où je demeure, seul, un bon moment. Ai-je prié ? Peut-être pas, mais, ô mon Dieu, que de joie dans mon cœur. Je rentre exténué à la maison, mais je garde à l'esprit une plaque sur un mur de l'église où j'ai lu : « J'ai prié ; j'ai été exaucée. »

Samedi 5 juin. – Chez Mme Coty, ce matin. Elle me parle des paysans, matérialistes, âpres au gain, mécréants. Puis elle me dit son dégoût pour les Allemands, « ce peuple menteur et barbare ». L'Allemagne ne peut pas gagner la guerre. Il y a une justice immanente, me répète-t-elle. C'est chaque fois avec plaisir que je reviens chez cette femme, chrétienne et gaulliste. Un pays qui compte des citoyennes de cette trempe n'est pas un pays perdu.

Lundi 7 juin. – Ma mère m'envoie un colis avec un échantillon de journaux parisiens. On mesure leurs mensonges, leur soumission aux Allemands, quand on écoute chaque soir, comme ici, la radio de Londres.

Sur le front de l'Est, les armées hitlériennes ne parviennent pas à reprendre l'avantage. Vichy renforce ses mesures de répression contre les réfractaires au STO et ceux qui les aident. En Italie, les troupes de Mussolini lâchent pied et perdent successivement les îles de Pantelleria et de Lampedusa. En Allemagne, les Américains bombardent les bases de sous-marins près de Brême et de Kiel.

A Illeville, le climat se gâte de plus en plus.

Mardi 15 juin. – Ma tante m'annonce ce matin qu'elle se trouve dans l'impossibilité de me garder au-delà du mois de juin, car les foins doivent commencer et elle ne pourra plus faire les repas aux heures régulières. Piètre excuse. La vérité est que ma présence dans cette maison ne cesse de déplaire à mon oncle et à ma tante.

Jeudi 17 juin. – Reçois une lettre de ma mère, qui n'émerge pas de son fardeau quotidien. Pauvre maman ! Comme elle aurait besoin, elle aussi, de repos et enfin d'un peu de bonheur. Mais que nos rapports sont compliqués, dans cette famille ! Ma mère m'écrit assez sèchement et moi-même, je ne lui dis jamais ce que je ressens pour elle. Nous avons tous horreur des manifestations de tendresse. Les hommes se serrent la main et ne s'embrassent jamais. Avec ma mère et mes sœurs, je dissimule toute affection, au point que cette pudeur me paraît parfois, comme aujourd'hui, monstrueuse. Nous sommes tous d'une extrême sensibilité, à commencer par mon père, mais nous n'avons de cesse de la dissimuler, trop honteux de la ressentir.

Vendredi 18 juin. – Je n'oublierai jamais Mme Coty. Je lui ai dit ce matin que c'était la dernière fois que j'allais la voir. Outrée de ce qu'on me mettait pour ainsi dire à la porte, elle enrage de n'avoir pas de chambre à m'offrir. En tout cas, elle cherchera. Avant que je ne parte, elle veut m'offrir de la farine et dit qu'elle enverra des tickets de pain à ma mère.

Lundi 21 juin. – Je me suis plu ce matin à comparer différentes journées du 21 juin, celles de 1939, 1940, 1941 et 1942. En 1939, j'étais alors tapissier. Ce jour-là, mon patron m'avait donné congé pour manque de travail. Je n'en avais rien dit à mes parents, je m'étais promené le matin à bicyclette au bois de Boulogne. Au moment de rentrer pour déjeuner, un boyau de mon vélo a crevé. J'avais dû téléphoner à ma mère qu'un travail urgent m'empêchait de rentrer. Je m'étais restauré « Au fin Gourmet », boulevard Saint-Germain. L'après-midi, mon vélo à la main, j'étais revenu lentement à pied, m'arrêtant place Denfert-Rochereau pour admirer quelques haltérophiles, dont un certain Yves Boulanger, que j'avais déjà vu soulever ses poids en divers endroits de Paris. La foule faisait cercle autour du costaud, poussait des « Oh ! » et des « Ah ! », avant d'applaudir et d'y aller de quelques pièces. Un an plus tard, c'était l'exode. J'étais à Bourganeuf ; il faisait beau comme l'année précédente. Nous logions, mes camarades et moi, depuis la veille, dans une grange attenante à une ferme tenue par des Polonais. L'après-midi, Jacques P. et moi étions allés acheter du pain au bourg, après une interminable queue sous un soleil de plomb. Tout en revenant à la ferme, nous en avions mangé une bonne partie. L'année suivante, c'était un samedi, j'étais à Paris et travaillais depuis un mois à la Caisse des dépôts. Il faisait une chaleur accablante. Avec mes amis

Raymond et Denis, nous avions passé l'après-midi à la piscine de la rue de Pontoise, non sans mal, car il y avait une foule considérable. J'avais eu une prise de bec avec un garçon de cabine qui avait fait passer un soldat allemand avant son tour. En revenant, nous nous sommes attardés à la terrasse de La Source, boulevard Saint-Michel, puis nous avions acheté d'infects gâteaux dans une pâtisserie face au Luxembourg. En 1942, c'était un dimanche superbe, et pourtant j'avais passé l'après-midi au cinéma.

Cette année ? Morne journée, temps nuageux, santé délabrée. Seul rayon de lumière : une lettre de maman.

Vendredi 25 juin. – Le beau temps est revenu. Il me semble que je marche avec moins de fatigue. Y aurait-il, malgré tout, une amélioration dans l'état de ma santé ? Je passe de l'espoir au scepticisme, et du scepticisme à l'espoir. J'ai reçu une lettre de Mireille. « M'aimez-vous encore ? » Pauvre Mireille, que je néglige et qui souffre, tandis que moi, j'ai tellement l'impression ici d'une hostilité unanime à mon endroit que j'en viens à ressembler au Rousseau des *Rêveries d'un promeneur solitaire.*

Samedi 26 juin. – J'ai essayé de chanter et de jouer sur mon harmonica. Lamentable. Les joies les plus simples me sont refusées.

Dimanche 27 juin. – Le calendrier nous annonce que c'est dimanche ; sans lui, on n'en saurait rien. Je m'attriste de cette indifférence de ceux qui m'entourent, ne faisant aucune distinction entre le dimanche et n'importe quel autre jour de la semaine. J'ai été habitué à voir dans le dimanche un éclat qui n'est propre qu'à ce jour-là. Chez moi, le dimanche, le repos a toujours été observé, autant que possible. De longue date, mon père nous a appris que c'est le jour du Seigneur. Et ce n'est pas jusqu'aux visages de mes frères et sœurs qui ne revêtaient une espèce de fraîcheur, une grâce, que je ne leur connaissais pas les autres jours. Il y avait des robes légères dont les couleurs s'alliaient si bien à la lumière du matin (je m'imagine tous les dimanches passés sous un parfait azur) ; il y avait des sourires ; de joyeuses exclamations à la sortie de l'église ; des reflets neufs dans les rues… Et puis aussi la surprise au dessert, quand mon père, un vague sourire sur les lèvres, posait au milieu de la table la pâtisserie qu'il nous avait cachée jusque-là. C'était dimanche !

Mercredi 30 juin. – Ce matin, ma tante m'annonce tout bonnement que mon oncle ne pourra me conduire demain à la gare. Je devrai donc, sans forces, transporter vaille que vaille une énorme valise au long de 5 kilomètres ! Je me souviendrai de l'accueil de ces gens-là ! A midi, cependant, mon oncle finit par accepter de me conduire demain matin. Mais, le soir, entendant Arthur parler à Alice, je constate combien cela lui est désagréable.

Jeudi 1er juillet. – Pars d'Illeville à 8 heures. Mon oncle a fixé ma valise à l'arrière de son vélo, et je marche près de lui. Train à Saint-Léger. Toujours pas de place assise. M'assois sur ma valise. Une dame renonçant à conduire son petit garçon aux toilettes le fait pisser dans le couloir entre deux jeunes filles : « Ça rafraîchira ces demoiselles ! » Des inspecteurs vérifient les pièces d'identité. L'un d'eux m'observe longuement, avant de prendre mon adresse dans son carnet. A Paris, Pierre m'attend. A Arcueil, toute la famille est de nouveau réunie, mon père étant revenu du sanatorium. Mes frères et sœurs m'avertissent que son caractère est toujours aussi impitoyable.

Vendredi 2 juillet. – Toujours des paperasses. Suis obligé aujourd'hui de me rendre rue du Faubourg-Saint-Martin pour obtenir ma carte de travail. Au moment de partir, Mireille vient me surprendre. Elle me supplie, elle pleure, effondrée. Comme elle me propose de m'accompagner Faubourg-Saint-Martin, j'y vois la seule manière pour qu'elle sorte de chez moi. J'essaie en chemin de lui faire comprendre que je ne l'aime plus. Rue du Faubourg-Saint-Martin, une file de jeunes gens me devance. De guichet en guichet, nous fournissons des renseignements, avant de passer une visite médicale et obtenir à la fin la carte désormais indispensable si nous voulons manger. Entre-temps, Mireille, de guerre lasse, est partie, un pâle sourire sur les lèvres, me demandant une lettre pour la semaine prochaine. Je songe à Nietzsche : « L'exigence d'être aimé est la plus grande des prétentions. » Pauvre Mireille ! Je n'ai plus la force d'aimer, encore moins la force de me forcer à aimer.

Dimanche 4 juillet. – Hier, Marie-Thérèse, qui travaille à la Caisse depuis le mois de mai, m'a rapporté quelques livres que j'avais prêtés à Mireille, avec une lettre d'elle et une photographie. Ce soir, alors que je suis au lit, on frappe à ma porte. C'est elle ! Ouvrez-moi cette porte où je frappe en pleurant. Je refuse, après avoir proféré à voix très basse je ne sais quelles paroles inintelligibles derrière ma porte. Mireille s'éloigne. Comme pour me prouver à moi-même que c'est ma maladie, ma faiblesse physique, qui m'obligent à agir comme je le fais, je ne me lève pas, bien que j'en aie envie, pour la regarder passer dans la cour.

Mardi 6 juillet. – Après la monotonie d'Illeville, je retrouve peu à peu celle d'Arcueil. Je pense à Mireille frappant à ma porte dimanche soir. Cela me rappelle ce chien abandonné qui était lui aussi venu gratter à ma porte, peu de temps avant l'arrivée des Allemands à Paris, tandis que la plupart des habitants avaient déjà fui la capitale. Je ne lui avais pas non plus ouvert ma porte ; le lendemain matin, je le trouvai couché sur mon paillasson, et ne m'occupai pas de lui. J'en suis aujourd'hui tout attristé, en m'imaginant qu'un jour peut-être je regretterai aussi de n'avoir pas ouvert à Mireille. Marie-Thérèse m'apporte encore ce soir une lettre d'elle. Mon Dieu, je voudrais tellement ne pas la faire souffrir. Mais le mieux n'est-il pas qu'elle comprenne ma déréliction, cette incapacité où je me trouve de lui prodiguer la tendresse et les caresses qu'elle attend ? Cet après-midi, je suis allé de conserve avec mon père au dispensaire de la maison Saint-Joseph, pour nos piqûres respectives. Drôle de tandem !

Samedi 10 juillet. – Ce matin, à 8 heures, nous avons une alerte pendant laquelle j'apprends que les Anglo-Américains ont débarqué en Sicile. Qu'ils progressent vite !

Ils progressent, prennent peu à peu le contrôle de Syracuse, Catane, Enna… En France, le gouvernement de Vichy autorise l'engagement des volontaires français dans la Waffen SS. Déjà, le 30 janvier, il a procédé à la création de la Milice, avec comme secrétaire général Joseph Darnand, vouée officiellement au « redressement politique, social, économique, intellectuel et moral de la France ». Véritable formation fasciste, la Milice va devenir une force supplétive des forces d'occupation nazies, dont le principal ennemi est la Résistance. La guerre étrangère se double d'une guerre civile en France. Chez moi, si mon père reste prudent, mes frères ont choisi leur camp dès le début. Marcel n'est pas en état de participer physiquement à quelque action de Résistance, mais Pierre, en revanche, dès 1942, à seize ans, fait partie à Puteaux d'une équipe de distribution de Défense de la France, organe clandestin du mouvement de Résistance du même nom. Il transporte régulièrement une liasse d'exemplaires du journal dans sa serviette, entre Puteaux et Arcueil, échappant au contrôle redouté de la police en gare d'Arcueil-Cachan. En liaison avec son ami Jean G., élève au lycée Lakanal, il participe aux activités d'un autre groupe, formé surtout de démocrates-chrétiens de notre commune. L'école des filles de la rue Paul-Signac sert de local, avec la bénédiction de la directrice Mme B., dont le fils est membre du groupe. On y prépare les tracts et les journaux à distribuer, notamment *Témoignage chrétien*, lancé par le R.P. Chaillet. Bravant le couvre-feu et les patrouilles, Pierre et ses amis déposent les journaux clandestins dans les boîtes à lettres la nuit venue. Pendant ce temps, la traque des jeunes gens pour le STO continue de plus belle.

Lundi 19 juillet. – Ma mère est partie conduire Michel à Lisieux. Ce matin, vais rue des Francs-Bourgeois pour passer une nouvelle contre-visite médicale. Peut-être faut-il être dans le coma pour être déclaré inapte au service obligatoire de travail en Allemagne. Le médecin, malgré toutes mes explications et les radios récentes que je lui présente, exige que je me présente demain rue du Figuier pour y subir un nouvel examen radiologique.

Mardi 20 juillet. – Vais donc ce matin rue du Figuier, où l'on m'apprend que, le radiologue n'étant pas là, je devrai revenir jeudi.

Jeudi 22 juillet. – Retourne rue du Figuier, n'en ressors qu'à midi. De retour à Arcueil, je découvre une immense file de personnes devant la boutique de mes parents. J'en apprends la cause : un arrivage de tomates inespéré.

Vendredi 23 juillet. – Retourne rue des Francs-Bourgeois muni de mes résultats de radio. Ils sont si pitoyables que je crois être, cette fois, définitivement classé dans la catégorie des

« inaptes ». Passant place de la Concorde, à la vue des drapeaux nazis flottant sur les édifices, je ressens ce qui se nomme de la haine ; j'ai envie d'insulter le premier soldat allemand rencontré.

A la maison, la vie n'est pas drôle : Simone, en vraie fille du devoir, travaille sans relâche chez Ginoux et à l'épicerie. Ça n'empêche pas mes parents de la chapitrer : elle devrait « sortir », sinon où trouvera-t-elle un mari ? Tout le monde se plaint du père revenu, injuste, colérique, jusqu'au ridicule. A Pierre, le souffre-douleur, rien n'est épargné. Malgré son mètre quatre-vingt-six, il ne bronche pas. Il a la tête ailleurs : dès qu'il le peut, il rejoint ses copains au patronage où ils ont dressé une tente sous laquelle ils couchent quand ils sont surpris par le couvre-feu. Marcel, consigné par la maladie, n'a pas cette échappatoire.

Vendredi 6 août. – J'ai mangé un œuf dur avec ma salade à midi, ce qui me vaut la plus violente dispute que j'aie eue avec mon père. C'est ce soir, à table, qu'il m'en fait le reproche. Il a cru que j'avais mangé cet œuf en cachette, tandis que lui n'en avait pas eu. Le ton a monté, j'ai insulté mon père et pleuré. Ma mère et mes sœurs étaient en larmes, elles aussi.

Samedi 14 août. – Journée de pluie, reste dans ma chambre à lire et à écrire. Je pense à Mireille.

Aujourd'hui, je regrette ses pas dans l'escalier et son coup discret à ma porte. Reviendra-t-elle un jour ici ?

Marie-Thérèse, qui travaille à la Caisse des dépôts d'Arcueil, sert à l'occasion de vaguemestre. Parfois, Mireille vient déposer son courrier elle-même, soit chez la concierge, soit sous le paillasson de Marcel.

Jeudi 26 août. – Mireille vient comme elle me l'avait annoncé hier par correspondance, malgré une forte pluie. Elle se met à genoux à mes pieds, pose sa tête sur mes bras, me redit son amour avec des mots sortis droit de la bouche d'une héroïne de roman. On se serait cru à un premier rendez-vous.

Samedi 28 août. – Reste toute la journée chez moi. Sors seulement pour aller chercher mes feuilles de rationnement mensuelles à l'annexe de la mairie : les jeunes gens visés par le STO sont obligés d'y aller eux-mêmes.

Dimanche 29 août. – Avec Mireille au bois de Boulogne. Je ne m'attendais pas à ce retour d'amour de ma part. Je refuse néanmoins qu'elle reste la nuit chez moi, comme elle le souhaite. Mon cœur dit oui et ma raison dit non, car je sais que je tousse la nuit. Après bien des supplications, Mireille part enfin. J'ai alors envie de la rappeler par la fenêtre, qu'elle revienne ! Je vou-

> drais entendre de nouveau le bruit de ses pas dans l'escalier. Mais je la regarde s'éloigner dans la cour, sans mot dire.
>
> *Mardi 31 août.* – Ce matin, vais aux Halles avec ma mère. J'en rapporte quatre boîtes très lourdes de confitures dans deux sacs. Toute la journée, je ressens des douleurs dans les bras et les épaules. J'ai reçu un mot de Mme Coty, qui m'a envoyé hier une feuille entière de tickets de pain. Ce soir, maman se la fait voler dans la boutique, après l'avoir déposée un instant sur la caisse.

Se nourrir devient pour tous une obsession. Les grossistes ne livrant plus, toute la famille est mise à contribution pour aller chez les fournisseurs. Chaque matin, il faut se rendre aux Halles pour la confiture. Plus épisodiquement, Pierre, souvent accompagné d'un copain, se coltine, sur une charrette empruntée à un maçon, des tonneaux de vin de chez Danon à Cachan. Mais c'est avec une simple brouette qu'on se rend au Kremlin-Bicêtre pour le fromage, avenue d'Italie pour la charcuterie Géo, avenue Laplace pour le sucre, les pâtes et autres produits d'épicerie. Prenant son travail à 9 heures, donc victime toute désignée, Marie-Thérèse déteste particulièrement cette corvée, car sa brouette fait sur les pavés un bruit à réveiller un régiment, attirant sur elle l'attention des passants et, pis, de ses collègues, quand elle prend la rue Berthollet : dès neuf heures moins le quart, les dames de la Caisse, les jeunes gens de la Caisse, les grouillots de la Caisse, tout ce monde feint de ne pas voir la petite collègue en socquettes qui pousse ses sacs de macaronis et de sucre. Du reste, je me demande comment, en ces temps de disette, dans cette banlieue grise, mes sœurs ou ma mère ne se sont jamais fait agresser par quelque crève-la-dalle.

Pierre, quant à lui, est l'acteur bien involontaire d'une sorte de gag de cinéma muet en descendant l'avenue des Aqueducs d'Arcueil-Cachan. Dans la pente, sa charrette lestée par un tonneau de cidre prend de la vitesse, entraînant Pierre dans une course folle. Paniqué mais résolu à ne pas lâcher sa charrette, il se souvient d'un vieux conseil paternel et bloque les roues contre le bord du trottoir, sauvant ses abattis et son précieux chargement.

Si, chaque matin, la famille approvisionne le Cours des Halles, chaque soir, elle se réunit autour du gros poste de TSF pour suivre le cours des événements avec le boulanger qui n'est pas avare de commentaires. En septembre 1943, les nouvelles sont bonnes : le général Montgomery et ses troupes britanniques et canadiennes ont franchi le détroit de Messine, ils sont désormais sur le continent. Le 8, l'Italie capitule. Mais les Allemands prennent la relève de l'armée italienne. Les Américains débarquent dans la région de

Salerne, qu'ils occupent après de violents combats. A l'Est, les Soviétiques, poursuivant leur contre-offensive, arrivent en Ukraine.

Sur le plan domestique, la santé de Marcel se dégrade : une amie de la famille a donné une adresse à Marcel, pour aller se reposer en Bretagne. Le 10 septembre, il gagne la gare Montparnasse, avec Pierre qui porte sa valise. Parti à 8 h 15, le train, comme toujours bondé, n'arrive à Vannes qu'à 17 h 15 en raison des arrêts incessants et prolongés. A Vannes, Marcel prend un car, pour se rendre à Naizin, petit bourg du Morbihan pataugeant dans la boue. Faute de chambre disponible, l'hôtel-restaurant Valy le loge dans le grenier d'une voisine. A l'époque, les clients sont d'autant moins regardants qu'ils ne sont pas en villégiature : les uns sont venus au pays pour ravitailler leur marché noir, les autres sont des réfractaires au STO. Beaucoup tuent le temps au poker. Marcel se demande ce qu'il fait dans ce trou. Le lendemain, il obtient tout de même une chambre ou plutôt une sorte de cellule de prison. Il en sort pour faire une balade : n'est-il pas là pour respirer le grand air ?

> *Lundi 13 septembre.* – Sitôt après le petit déjeuner, je pars sur les chemins de campagne, sous le soleil, mais la fatigue me prend très vite, et j'ai envie de rentrer à la maison. Ce soir, avant le

> dîner, je parle avec un prisonnier rentré d'Allemagne depuis un mois pour cause de maladie. Il me raconte ses souffrances. La pire a été pour lui d'apprendre, à son retour, que sa femme le trompait. Il avait des sanglots dans la voix, mais il ne cachait pas sa haine. Il m'a assuré qu'un jour il attraperait un Allemand pour lui piétiner la gueule : « Peut-être, a-t-il ajouté, ça sera un brave type, tant pis ! Est-ce qu'ils ont regardé si j'étais un bon gars quand ils m'ont bouclé en Allemagne ? »

Marcel précipite son retour, n'ayant rien trouvé d'apaisant dans ce petit coin de Bretagne. Le voyage en train est plus pénible que jamais. Toujours pas de place assise et des heures interminables de correspondance. Dans la nuit, il est pris de violentes douleurs intestinales et de nausées. A Arcueil, son retour précipité surprend tout le monde.

Quelques jours plus tard, maman vient me chercher chez ces gens près de Lisieux où je faisais mon second séjour. J'ai six ans, je vais faire ma rentrée à la « grande école ». Autre événement de la saison d'automne 1943 à Arcueil : la Mission. Tous les soirs, pendant trois semaines, les conférenciers se succèdent à la chaire de notre église pour faire revenir au bercail les brebis égarées. La nef est comble comme au dimanche des Rameaux ou à la messe de Minuit. Ces

Bossuet de banlieue, ces curés d'Ars de grands chemins, font un tabac même auprès des mécréants : ça les change de la belote. Mais ils prêchent aussi des convertis, des fervents, parfois extatiques, le visage tendu vers le prêtre onctueux ou enflammé. Je me retrouve dans cette foule que les malheurs de la guerre ont souvent ramenée vers les autels. Personnellement, ça me barbe un peu d'autant que, n'étant pas en âge de remettre en cause l'existence de Dieu, je ne comprends pas l'objet de tous ces discours sur un postulat indiscutable. En revanche, j'adore les cantiques. Et je ne suis pas le seul. D'ailleurs, les missionnaires savent bien que chanter à l'unisson vaut mieux que tous les prêches. L'émotion est acquise, l'adhésion n'est pas loin. M. S., ex-militant communiste, se fera baptiser le dernier jour de la Mission. Les prières n'ont guère d'effet sur la santé de Marcel.

> *Jeudi 14 octobre.* – Vais chez le Dr P. qui me dit : « Mais ça va beaucoup mieux ! » Je ne le crois plus ; cela fait trois fois qu'il me le dit. Puisse venir le jour où moi je me dirais : « Mais ça va beaucoup mieux ! » Je me demande souvent si ma famille se rend bien compte de mon état de santé. Ne parlons pas de mon père, lui-même malade, et en rivalité tuberculeuse avec moi. Mais ma mère ? Elle me demande de faire des travaux d'ordre domestique que je suis incapable

> d'accomplir, et je m'entends reprocher par elle mon « manque d'énergie ». Si elle savait ! C'est l'aveuglement des gens qui n'ont jamais connu la maladie, incapables de l'imaginer chez les autres : pour eux, si l'on n'a pas 40° de fièvre, tout va bien. Tout de même, on procède à un petit arrangement pour ma chambre. Pierre n'aura plus à dormir dans le grand lit avec moi ; ma mère lui a trouvé un lit-cage. Mme Coty, de son côté, ne m'a pas lâché ; je reçois d'elle aujourd'hui de la farine et une bouteille de sirop.

Marcel revoit Mireille sans rien lui cacher sur son état de santé ; il doute de plus en plus d'une guérison possible. Les conditions de vie matérielles de notre famille lui sont chaque jour plus insupportables. Nous prenons nos repas à huit dans une cuisine exiguë, serrés les uns contre les autres ; mon père utilise un crachoir sans pouvoir le dissimuler. Deux tuberculeux entourés de six autres personnes, dans cette promiscuité !

> *Mardi 26 octobre.* – Et puis il y a cette maudite guerre qui n'en finit pas, ces multiples privations qui nous sont infligées. Je sais des familles où l'on mange encore très bien parce que, ma foi, on a un peu d'argent et on se débrouille. Chez moi, il n'y a guère d'argent et franchement on ne

> sait pas se débrouiller. De plus, on n'a guère de goût pour la cuisine, alors voilà : pommes de terre trempées dans l'eau, pâtes à l'eau, salsifis, carottes, navets [...] Non, bien sûr, mon père n'est pas responsable de tout ce qui me fait souffrir en ce moment. Il n'est pour rien dans la guerre, presque pour rien dans les restrictions générales. Mais il est le grand responsable, le seul responsable peut-être, je ne pense pas être injuste, pour ce qui est de la famille. C'est beaucoup.

Peut-être, sans doute y a-t-il de l'exagération dans le jugement de Marcel. La maladie ne prête guère à l'indulgence. Notre père est sans doute plus victime que bourreau. Malgré ses défauts, il a quelques mérites. A commencer par l'honnêteté, qu'il partage avec ma mère. Leur éducation leur interdit de « se débrouiller ». Bien que commerçants, et donc en première ligne pour se livrer au marché noir, serait-ce modérément, cela ne les a pas effleurés. Ils savent que tel ou tel vend du beurre, de l'huile ou de la viande sous le comptoir, mais ce ne sont pas des chrétiens. Ils ne sont même pas assez casuistes pour s'autoriser une transgression qui permettrait de mieux nourrir leur fils malade. Leur réputation les éloigne, du reste, des circuits habituels du marché illicite : ils ne demandent rien, on ne leur propose rien. Quant à voler la clientèle en trichant sur le poids ou la qualité, ça ne leur vient pas à l'esprit. Trop honnêtes pour se livrer au marché noir ou rouler leurs clients, trop pauvres pour manger leur fonds, ils s'estiment heureux de recevoir des petits sacs de haricots secs de Saint-Omer.

Dimanche 7 novembre. – Ce soir, au dessert, ma mère nous offre une espèce de crème aux marrons dont la préparation lui a pris tout l'après-midi. C'est écœurant, et je n'avale que la moitié de ma part. Ce soir, je regrette amèrement de n'avoir pas fait effort pour dissimuler ma déception. Pauvre maman qui voulait faire plaisir à tous et qui n'a reçu de félicitations de personne ! Comme je regrette parfois cette espèce d'orgueil et de timidité mêlés qui m'oblige à cacher à ma mère mes sentiments à son égard. Sait-elle que je l'aime plus que tout au monde, quoique j'aie pu me montrer dur et méchant avec elle ? Que Dieu la préserve de la maladie, et qu'elle connaisse enfin le bonheur ! Mon père me paraît incapable de jamais le lui donner. Pour l'heure, il surveille tout ce que je mange, me disputant les quelques grammes de beurre que maman me donne à étaler sur mon pain. A vrai dire, il persécute tout le monde, et je ne subis rien comparé à ce que Pierre doit endurer.

> *Mercredi 24 novembre.* – Il pleut dru ce matin. Pierre, pour se rendre à son collège, doit faire un assez long trajet à pied, aussi veut-il prendre l'imperméable que ma mère lui a récemment acheté. Mon père se récrie : cet imper a été acheté comme habit du dimanche seulement. Mon frère est donc parti par un temps épouvantable avec sa seule veste sur le dos. Il est tellement dégoûté par l'attitude de mon père qu'il lui arrive, le soir, de monter se coucher sans manger.

Sa tuberculose intestinale ne laisse aucun répit à Marcel : les nuits de douleur succèdent aux journées de douleur. De nouveau, il doit faire comprendre à Mireille qu'il ne peut plus lui laisser d'illusion. La rupture s'impose, pour son bien à elle ; elle doit le comprendre. Toujours à la recherche d'un lieu de repos, maman annonce à mon frère, à la fin de novembre, que Mme Guillon dont le fils, vicaire de la paroisse, est prisonnier en Allemagne, lui a trouvé une maison en Vendée, à La Châtaigneraie. Mon frère craint une nouvelle déception, mais se résigne à partir au début de janvier 1944.

Marcel a eu vingt-deux ans le 12 décembre. Personne ne s'en est avisé. Dans ma famille, on ne connaît ni anniversaire ni fête, en dehors des fêtes religieuses. On ne s'embrasse pas, on ne se congratule pas et, si l'on s'aime, on ne le fait pas savoir.

Samedi 1er janvier 1944. – Après le déjeuner, mon père en veine de générosité nous distribue 500 francs ; pour ma part, j'en ai eu 150. Après la sieste, vais dans la salle à manger avec l'intention de me distraire un peu en participant à des jeux de société avec mes frères et sœurs, mais tout me paraît maussade tant je suis mal à l'aise. Que me reste-t-il ? J'ai tout perdu, seule la souffrance… Sous la porte de ma chambre où je remonte, je découvre une lettre de Mireille, qu'elle a sans doute déposée elle-même : « Vous qui allez partir, n'oubliez pas que je vous aime et vous aimerai toujours… » Je me sens bien indigne de tant d'amour.

Marcel quitte Arcueil le 3 janvier pour la Vendée. Toujours le même refrain : wagons archi-combles, suppressions de train à la correspondance, quête d'une chambre d'hôtel dans la ville où l'on est resté en plan, attente d'un car hypothétique… Recru de fatigue, il arrive enfin dans le havre espéré : une salle d'auberge crasseuse, une chambre abominable, un repas médiocre, un lit inconfortable. Au bout de quelques jours de pluie et quelques nuits de toux incessante, Marcel se décide à rentrer. Il attend deux heures et demie pour atteindre le bistrot d'en face de chez nous par téléphone et prévenir de son retour. La bonne sœur, à laquelle il a été recommandé par

Mme Guillon, tente de le retenir, lui cherche un autre gîte, mais ne lui trouve qu'un nouveau galetas.

> *Samedi 15 janvier.* – Temps un peu meilleur. Vais cet après-midi jusqu'à La Châtaigneraie. J'ai une altercation en chemin avec un cycliste qui m'a bousculé et auquel je reproche de n'avoir pas de timbre à sa bicyclette. Il me menace d'« un coup de poing sur la gueule ». Je n'ai pas insisté, me sachant, hélas ! hors d'état de me battre.

De retour à Arcueil après un nouveau et pénible voyage en train, mon frère n'a plus la force de quitter sa chambre le matin ; maman lui monte son petit déjeuner. Prenant les autres repas au 13, c'est un supplice que de regagner sa chambre du 15. Les quintes de toux se prolongent et déchirent ses nuits. Une bonne sœur vient lui faire des piqûres. Dans la glace du coiffeur, Marcel s'effraie de découvrir son visage décharné, sa laideur nouvelle. Ma mère, qui a pris conscience de la gravité de sa maladie, le contraint à l'accompagner à l'hôpital Cochin, pour consulter un spécialiste des poumons.

> *Jeudi 17 février.* – Ce matin, par un temps très froid et sous la neige, vais à l'hôpital, accompagné de ma mère. Je la dispute tout au long du chemin pour me faire sortir par ce froid, d'autant plus que j'ai passé une très mauvaise nuit et que ce matin j'ai des douleurs aux côtés. La

pauvre femme ne dit mot et moi, mauvais, je lui parle avec une dureté dont j'ai honte. A Cochin, après une longue attente, on m'ausculte, on me pose mille questions, on me fait une radioscopie, pour en fin de compte me faire revenir demain avec un crachat dans une petite boîte et pour me faire faire une radiographie.

Vendredi 18 février. – Retourne donc ce matin à l'hôpital Cochin. Temps épouvantable, la neige tombe, l'air est glacé. Arrivé à Denfert-Rochereau, je m'égare un instant, ayant pris le boulevard Raspail au lieu du boulevard Arago. A l'hôpital, je rends ma petite boîte et vais me faire radiographier, non sans me perdre un moment dans les couloirs. De retour à Arcueil, je remonte chez moi et reste blotti devant mon petit radiateur.

Deux jours plus tard, le grand-père Dussaule meurt, victime d'une ultime crise d'asthme. Geneviève et Marie-Thérèse se rendent avec leur mère à Paris pour s'acheter des chapeaux en vue de l'enterrement. Un achat qui ne leur déplaît pas, Geneviève rêvait depuis longtemps d'avoir un chapeau.

Jeudi 24 février. – Ce matin, accompagné de ma mère en grand deuil, vais chercher les résultats de mes radios à Cochin. Le médecin demande mon hospitalisation dès demain. Ma mère

> approuve, je proteste. A quoi bon l'hôpital ? Ne suis-je pas mieux chez moi ? Après cela, ma mère est partie pour Louvres, en compagnie de Pierre, de Marie-Thérèse et de Geneviève, pour aller enterrer son père. Plus tard, j'ai revu Maurice, l'oncle de Béziers, venu lui aussi à l'enterrement de son père. Il m'a donné des nouvelles de là-bas. Et mon vélo ? Il m'explique qu'il ne l'a pas expédié parce qu'on aurait volé la chaîne, des bobards quoi ! Au demeurant, que ferais-je aujourd'hui de mon vélo ?

Marcel n'entre pas à Cochin. Cependant, l'assistante sociale de la Caisse des dépôts vient lui rendre visite, et s'engage à lui trouver une place dans un sanatorium. Nouvelles visites médicales, nouvelles radios. Toux déprimante, appétit nul, nuits horribles. Il a tout juste le courage de suivre l'actualité sur son petit poste de radio : les Soviétiques poursuivent leur offensive en Ukraine, Odessa est reprise en avril ; en Italie, les Anglo-Américains se heurtent à une défense acharnée des Allemands. En France, la LVF tient un meeting au Vel' d'Hiv', le 16 avril : Doriot y exalte ses troupes. Les alertes se multiplient dans la région parisienne que les Alliés bombardent massivement.

Par un clair matin du mois de mai, Marcel part pour le sanatorium de Champareil, près de Fontainebleau. Le seul mot de sanatorium lui a longtemps fait peur. Qu'en espérer ? Les conditions d'existence lui apparaissent d'entrée navrantes. Il partage avec sept autres malades un dortoir si glacial que chacun se couche tout habillé sous cinq épaisseurs de couvertures. Un des moments les plus pénibles est la pesée, preuve tangible de la détérioration physique du malade. Marcel ne cesse de perdre du poids : moins 300 g, moins 100 g, moins 400 g, une courbe fatale. Du matin au soir (tout comme les infirmières et les médecins d'ailleurs), les patients ne parlent que de maladie. Le reste du temps, désœuvrés, ils boivent en cachette, jouent aux cartes ou aux courses. Marcel est suspendu à l'arrivée de quelques rares colis qui améliorent son ordinaire et des lettres ou des visites qui lui remontent le moral.

> *Dimanche 21 mai.* – Vers une heure de l'après-midi, le car de Paris arrive, ma mère est là. Je vais me promener un peu avec elle dans le parc. Elle m'apporte d'assez nombreuses provisions qui me font bien plaisir, particulièrement des oranges, que je n'avais pas vues depuis 1939.

Le 6 juin, le sana s'anime soudain quand la nouvelle se propage : les Américains et les Britanniques ont débarqué en Normandie ! Joie au cœur de la désolation.

> *Dimanche 11 juin.* – Simone arrive par le car de 13 h. Elle m'apporte encore quelques denrées,

mais n'est-ce pas la dernière fois ? A Arcueil, se nourrir est devenu un tour de force ; le menu est toujours invariable, me dit-elle : salades et radis. Au sana, c'est le règne du chou vert. Suis encore bien fatigué aujourd'hui. Être ce que j'ai été et être devenu ce que je suis, je crois rêver parfois.

Jeudi 22 juin. – Quelle est la valeur exacte de cette nouvelle arme allemande, ces V1 qui tombent depuis quelques jours sur l'Angleterre [...] Ce soir, une jeune infirmière me dit : « Vous êtes toujours triste, monsieur, qu'est-ce qu'il y a ? » Qu'est-ce qu'il y a, mon Dieu ! mais rien, absolument rien, presque rien, quoi ! Il y a si peu de raisons, en effet, d'être triste en ce moment et dans mon état.

Dimanche 9 juillet. – Maman a obtenu miraculeusement une place dans le car, et elle me surprend au moment où je commençais ma cure. Tout réjoui, vais avec elle sous les arbres. Hélas ! les nouvelles de la famille sont désolantes. Le père martyrise toujours Pierre qui aurait décidé de quitter la maison. J'ai trouvé ma mère amaigrie ; elle portait un manteau noir trop long et elle était chaussée d'une paire de souliers d'homme à grosses semelles de bois ; ses cheveux mal coiffés dépassaient de dessous son chapeau dont elle avait ôté le voile noir. Elle n'est pas élégante, ma mère, mais qu'importe ! quel plaisir de la revoir, de lui parler !

Quelques jours plus tard, Marcel reçoit une lettre de Pierre, qui lui annonce avoir en effet quitté la maison. Peu après le débarquement, il a été embauché aux Compteurs de Montrouge. Faute de courant électrique dans la journée, il travaille la nuit, souvent interrompu par les alertes qui propulsent le personnel dans les abris souterrains. On le dirige d'abord vers un atelier de fraisage, mais, vite convaincu de son incapacité, on lui donne des trous borgnes à tarauder. Un trou borgne, c'est un trou qui ne débouche pas sur l'autre face d'une pièce. Tarauder, c'est faire un filetage dans ce trou. Mine de rien, ça exige un doigté dont Pierre est dépourvu ; il casse donc des tarauds pendant environ un mois. Un calvaire qui s'ajoute au calvaire infligé par le paternel. Alors, il se lance : il quitte le travail et la famille au profit de la patrie, bien décidé à rejoindre le maquis. Pour ça, il a une filière : il doit patienter, au sein d'une famille qui l'héberge dans le quartier d'Alésia à Paris. Mais, las d'une trop longue attente, il saute sur une offre du patronage de Montreuil qui recrute des moniteurs pour encadrer les gosses restés en ville pendant l'été. Une sorte de colonie de vacances où les moniteurs dorment sur place, ne rejoignent leur famille que le dimanche. Pierre, en rupture de ban, dort ici ou là chez ses copains. Comme il a quitté Arcueil les mains dans les poches, Simone et Marie-Thérèse lui déposent du linge et lui donnent des nouvelles de la maison : le père ne décolère pas qu'il se soit sauvé au moment où il allait commencer à rapporter un peu d'argent à la maison. Il n'est pas au bout de ses surprises, le paternel : quelques semaines plus tard, il apprend que Pierre est entré au séminaire de Montmélian, spécialiste des vocations tardives. Mon père éructe (des « vocations tardives » pour un jeune homme de dix-huit ans !) et écrit une lettre incendiaire à Pierre, expliquant en substance, lui, le bon catholique, que de devenir curé c'est bon pour les riches, mais pas pour nous ! Peine perdue, on s'en doute.

Au début du mois d'août 1944, Marcel est rentré du sana, sans la moindre amélioration de son état. Incapable de rien faire, il est pendu à son petit poste de TSF. La France est le théâtre de combats acharnés entre les Allemands et les Alliés, auxquels la Résistance prête main-forte.

> *Jeudi 10 août.* – La bataille fait rage en France. Les Américains sont au Mans, ils attaquent Brest, Saint-Nazaire, Nantes, Saint-Malo. Les Canadiens et les Anglais se battent vers Falaise ; les Allemands tiennent toujours Mortain. Hier maman m'a acheté un kilo de beurre, coût : 650 F [une centaine d'euros].

Samedi 12 août. – La radio a annoncé que les Américains sont à Chartres et à Alençon. Mais la nouvelle, lancée hier, semble fausse. Des gens, paraît-il, s'étaient massés hier soir avenue d'Orléans dans l'espoir d'assister à l'arrivée des troupes américaines, mais ils en ont été pour leurs frais. On ne sait pas trop bien ce qui se passe.

Mardi 15 août. – Ce matin, les troupes alliées ont débarqué entre Marseille et Nice, entre Toulon et Cannes. Les restrictions deviennent de plus en plus dures. Il n'y a plus d'électricité et de gaz, ou presque. Le métro ne marche plus ; le pain devient rare.

Mercredi 16 août. – Le Dr P., venu me voir, m'a encore raconté des fadaises : « Mais du côté pulmonaire, cela ne va pas si mal. » Croit-il que je sois dupe ? Bien que Pierre ne soit plus là, les discussions entre mon père et ma mère n'en finissent pas sur son compte. Aucune nouvelle aujourd'hui de la guerre : les postes de radio sont muets, faute d'électricité.

Jeudi 17 août. – Paris est menacé par la famine. Des affiches roses, accolées aux murs des immeubles, nous enjoignent d'aller chercher notre nourriture quotidienne en divers lieux *ad hoc*. La presse allemande de Paris nous annonce que les Américains sont dans les environs de Chartres et de Dreux. Ce soir, de formidables détonations font vibrer les portes et les vitres.

Vendredi 18 août. – Les Américains sont signalés à Rambouillet. La presse de Paris ne paraît plus, la radio parisienne s'est tue ; les Allemands fuient notre capitale. De fortes détonations retentissent. Ce soir, couvre-feu à 21 heures.

Samedi 19 août. – Les membres des groupements de Résistance emplissent les rues comme si les Alliés étaient déjà à Paris. Ce matin, ils ont arrêté le maire remplaçant et ses adjoints. Arcueil connaît une animation extraordinaire, la joie éclate sur les visages. Cette libération tant souhaitée, tant espérée, attendue, sera-t-elle la fin de nos souffrances ? L'occasion d'une véritable reconstruction de notre pays ?

Dimanche 20 août. – On se bat dans les rues de Paris. De ma chambre, de temps à autre, depuis hier après-midi, j'entends des rafales de mitrailleuse, des coups de revolver, des bruits d'automobiles passant à toute allure… La radio m'apprend que de Gaulle est arrivé à Cherbourg : était-ce lui qu'on attendait pour entrer dans Paris ? Cependant, on ne sait pas grand-chose sur le mouvement des troupes. Ce soir, la rue Émile-Raspail est devenue une vaste kermesse ;

on a partout pavoisé ; à la mairie flottent les drapeaux alliés. Tout Arcueil se précipite soudain vers le monument aux morts, avenue de la Convention, tout près de l'aqueduc. Des résistants tirent des salves, et tout le monde revient, chantant, riant, fort.

Lundi 21 août. – En cinq minutes, tous les drapeaux et guirlandes ont été enlevés des fenêtres et des balcons : des Allemands étaient signalés à Cachan. Dans la soirée, j'apprends qu'il y aurait eu huit ou neuf morts au cours d'affrontements armés. A Paris, la bataille continue.

Mercredi 23 août. – Le bruit des armes, les détonations ne cessent pas. Les premiers journaux de la Libération paraissent. Ce matin, je lis *L'Aube* et *Front national. L'Humanité* et *Le Populaire* ont repris vie. Depuis aujourd'hui, chose étrange, nous mangeons du pain blanc. La cause en est qu'on a procédé à la réquisition de la farine dans les biscuiteries d'Arcueil, et qu'on l'a distribuée aux boulangers. A minuit, j'apprends par la radio que les Américains sont à Arpajon.

Jeudi 24 août. – Il a plu toute la nuit, et ce matin encore. Les détonations ne cessent pas. Un peu partout on a dressé des barricades à Paris et en banlieue ; j'en ai vu une à Arcueil, faite de branches et de troncs d'arbres, près de l'aqueduc.

Ce soir, de nouveau, toute la ville est en effervescence. On ramène deux Allemands qui viennent d'être faits prisonniers. Les Américains sont signalés à Bourg-la-Reine et L'Haÿ-les-Roses. Américains ou Français, car je viens d'apprendre à l'instant par la radio que le général Leclerc aurait été aperçu à Antony. Soudain, il est dix heures et demie environ, les cloches se mettent en branle. Je suppose qu'elles annoncent l'arrivée des Alliés à Paris. A peine se sont-elles tues que le bruit du canon et de la mitraille reprend.

Vendredi 25 août. – Les premiers éléments alliés – des Français de la Deuxième D.B. du général Leclerc – ont fait leur entrée dans Paris hier soir vers 9 heures. Ce matin, de mon lit, j'entends le bruit au loin des chars ainsi que les acclamations de la foule. Toute ma famille est partie sur la route de L'Haÿ les voir passer. Que ne puis-je donner libre cours à mon enthousiasme ? La maladie me cloue. Et puis, j'ai entendu les imbéciles de mon quartier brailler *L'Internationale*, cela ne me laisse rien envisager de bon. Mais j'ai confiance en celui qui, je l'espère, sera le chef de notre nouvelle République, le général de Gaulle. Il est arrivé aujourd'hui à Paris, où les Allemands résistent encore dans quelques endroits.

Samedi 26 août. – La garnison allemande de Paris a capitulé hier après-midi. De Gaulle ira aujourd'hui à l'Arc de Triomphe, à l'Hôtel de Ville et à Notre-Dame. Les habitants d'Arcueil, avides de réjouissances, ont aujourd'hui dépêché le coiffeur du quartier pour tondre une jeune femme accusée d'avoir été la maîtresse d'un soldat allemand, puis l'ont promenée à travers les rues d'Arcueil et de Cachan. Ce soir, des avions surgissent, des feux emplissent le ciel, des bombes s'écrasent avec un fracas épouvantable. Ce sont les Allemands qui, 24 heures après avoir quitté Paris, viennent nous bombarder la rage au cœur. Je me décide à quitter mon lit, car les bombes ne doivent pas tomber loin. Me voici dans l'escalier, prêt à m'élancer dehors pour rejoindre un abri, quand le bombardement redouble d'intensité. La maison tout entière est ébranlée. Je renonce alors à sortir sous ce ciel en feu. Je reste là un moment, dans l'escalier, ne sachant que faire et murmurant : « Les salauds… les salauds… » Alors, j'entends du bruit chez Mme Philippe, ma voisine du premier. Je lui demande pourquoi elle n'est pas descendue à l'abri. Elle, très calme, me demande si j'ai peur et me rassure. M'invitant à m'asseoir dans un fauteuil, elle allume une bougie, commence à faire chauffer du café, et me dit sur le ton le plus calme : « Il n'y a rien à craindre. Ce sont les Américains qui bombardent le fort de Montrouge où sont encore retranchés des Allemands. » Je ne sais d'où elle tient cette information, je sais bien que ce sont les Allemands qui s'acharnent. Tout s'apaise finalement, et je remonte dans ma chambre. Des avions reviennent. Ma mère arrive et me demande de descendre. Quelques instants plus tard, je me retrouve dans le fournil du boulanger.

Lundi 28 août. – Je suis las de tout ! Paris est libéré, et moi enchaîné. Je souffre, je souffre et n'ai plus confiance. Certes, il vaudrait mieux que je sois mort. Je ne suis plus utile à rien, je suis devenu une énorme charge pour ma famille. Écrire, qui était ma passion, n'est plus dans mes possibilités. Alors, pourquoi pas la mort aujourd'hui s'il est dit que je ne dois pas guérir ? Ce soir, ma détresse est immense.

Samedi 2 septembre. – Mon oncle René Dussaule a tout perdu lors du dernier bombardement ; il habitait Saint-Ouen, son immeuble est en ruine. Le vent souffle toujours très fort, il doit être sûrement favorable aux Américains, puisque les voilà déjà à Sedan et tout près de Metz ; Arras serait aussi entre leurs mains. Au déjeuner, le père se montre sous son vrai jour. A l'entendre, toute la famille désirerait le voir mourir au plus tôt : sinon pourquoi lui aurait-on servi des choux à l'eau ce midi alors que j'avais droit, moi, à des pommes de terre ? Il semble ignorer que les choux me sont interdits, c'est la seule raison de ce plat de pommes de terre ! Pauvre homme, plus à plaindre sans doute qu'à blâmer.

Lundi 4 septembre. – Nous sommes encore loin de la victoire. Certes, les Américains sont déjà en Belgique, mais hier des V1 sont tombés dans le Bassin parisien, et les Allemands nous promettent les V2 pour bientôt. Quant à notre pitance, elle reste critique. Nous composons en rêve des menus de gala : jambons, huîtres, moules, pommes de terre frites, côtelettes de porc, langoustes, ragoût de mouton, tous ces plats ne cessent de se présenter à mon esprit, obsédants.

Mercredi 20 septembre. – L'électricité devient de plus en plus rare ; Simone a dû s'arrêter de travailler ; il faut dîner et se coucher dans l'ombre. Ce soir, M. G., un collègue de mon père, dîne chez nous. Stalinien de premier ordre, il conteste l'idée que l'URSS, dont les armées se sont avancées à pas de géant vers l'Ouest, voudrait étendre son territoire. Il reconnaît, cependant, qu'un jour Américains et Britanniques auront maille à partir avec les Russes.

Jeudi 28 septembre. – Cet après-midi, souffre des intestins sans répit. Pierre est venu me rendre visite à l'insu de mes parents. Je ne puis guère lui parler, souffrant d'une extinction de voix. Lui peu bavard m'apprend tout de même qu'il va préparer son baccalauréat en vue d'entrer au Grand Séminaire.

Dimanche 1er octobre. – Suis de nouveau sans forces. Gardé le lit jusqu'à une heure avancée de l'après-midi.

Lundi 2 octobre. – Suis toujours sans forces et sans voix, souffre du ventre, tousse et crache. L'automne, l'hiver bientôt, cauchemar… On boit de l'eau, il n'y a pas de beurre, pas de lait, de la viande une seule fois par semaine, pas de chauffage, peu de lumière, la guerre continue.

Mardi 3 octobre. – Il fait froid, il vente, il pleut, je suis malheureux. Je lis un peu *Dingo* d'Octave Mirbeau, qui me réjouit.

Mercredi 4 octobre. – Me lève frileusement à midi, mange sans appétit quelques pommes de terre

La phrase du journal est restée suspendue, sans ponctuation. Ce sont les derniers mots écrits de Marcel. Mon frère est mort le samedi 24 octobre 1944. Il y a eu foule à ses obsèques, beaucoup de gens notamment de la Caisse des dépôts. Parmi eux, j'ai été intrigué par une jeune femme qui ne cessait de pleurer. Marie-Thérèse m'a appris qu'elle s'appelait Mireille et qu'elle était la fiancée de Marcel.

Épilogue

La mort rassemble. Je le vérifie encore ce mardi 12 mai 1992, alors que nous conduisons ma mère au cimetière d'Arcueil où mon frère et mon père sont déjà enterrés depuis près d'un demi-siècle. Il y a là ses trois filles, ses deux fils, ses petits-enfants, ses arrière-petits-enfants, mais aussi ses deux dernières sœurs, Yvonne et Andrée, leurs conjoints, son frère Georges et sa femme Juliette, des neveux, des amis.

En voyant notre maigre cortège, je repense à tous ces chapeaux de deuil qui ont rythmé notre saga. Aujourd'hui, le noir, les habits de circonstance, les voiles de crêpe, les brassards, les corbillards attelés, les tentures funèbres frappées des initiales argentées, les faire-part ornés non seulement ne s'imposent plus mais seraient déplacés. Les trépassés sont priés de se retirer sur la pointe des pieds, la tristesse est sommée d'être discrète, il y a désormais une sorte de gêne de la mort, la dernière des maladies honteuses. Maman en avait sans doute conscience qui nous avait signifié ses dernières volontés, juste avant une opération en 1983 : elle souhaitait une « cérémonie intime », l'après-midi, suivie d'un goûter.

A l'église, le prêtre cédant volontiers la parole aux proches du défunt, Chantal, une de ses petites-filles, fait l'éloge de maman : « Nous voici réunis dans la peine autour du corps de Jeanne Winock, notre sœur, notre mère, notre grand-mère, notre arrière-grand-mère, notre amie que Dieu a ramenée à lui mardi dernier, après une longue vie qui ne fut qu'un don de sa personne aux autres... »

De l'église, nous allons au cimetière parmi les tombes fleuries, baignées par le soleil printanier. Rien de plus charmant que cet endroit planté de peupliers et de cyprès, qui contraste par sa tranquillité avec l'autoroute du Sud dont on aperçoit au loin le grand pont au-dessus de la Bièvre cimentée. Nous nous recueillons dans le souvenir de celle que nous avons tant aimée, mal aimée, et que nous ne reverrons plus. Les ultimes visions de notre mère, inconsciente, défigurée par la souffrance, s'effacent au profit du souvenir plus rassurant d'une femme encore jeune, telle que les photos nous la transmettent.

Maman est morte le mardi 5 mai. Depuis quelques jours, nous assistions à son agonie. Comme elle avait perdu connaissance, la maison de retraite l'avait fait transporter à l'hôpital de Clamart dans un service de réanimation : perfusion, ballon d'oxygène, tuyaux désormais inutiles… La dernière fois que je l'avais vue, le samedi précédent, elle dormait d'un sommeil agité, comme douloureux. Faute de store, le soleil donnant à plein dans la chambre, je suis monté sur une chaise pour fixer un drap au montant de la fenêtre.

Quand j'ai appelé Simone, elle m'a répondu d'une voix calme mais où on sentait l'émotion : une mort a beau être prévisible, quand l'annonce nous en arrive, nous sommes saisis d'un tremblement de chagrin. Mais, de manière presque providentielle, les impératifs pratiques mobilisent l'attention : il faut téléphoner à la famille, aux amis, aux administrations, à la mutuelle d'assurances… On ne pense plus à rien, comme si ces obligations avaient pour fonction de combler un temps le vide laissé par le disparu.

Le lendemain, je suis allé avec Simone aux Pompes funèbres de l'avenue Carnot à Cachan. Il s'agissait notamment de reporter les obsèques au 12 mai, Pierre étant retenu au Proche-Orient. Un responsable de la maison nous assura que rien n'était plus facile : la dépouille serait transportée au funérarium d'Antony, où tout est prévu pour la conservation des corps. Il ajouta que nous serions « contents de la présentation du défunt ».

Simone et moi nous sommes rendus ensuite à la maison de retraite d'Antony, où maman a vécu ses derniers mois, afin de reprendre ses affaires. Sa chambre avait déjà été vidée, ses effets remisés au sous-sol de l'établissement : on attendait déjà le prochain occupant qui devait se présenter l'après-midi même ; les places sont si convoitées. *Business is business.*

Cette maison de retraite avait été un crève-cœur pour nous tous, mais aussi un impératif : Simone, qui depuis 1960 vivait aux côtés de maman, dans une HLM d'Arcueil où la mairie les avait relogées depuis le réaménagement de la rue Émile-Raspail, Simone, sollicitée jour et nuit par sa mère malade, était dans un état à faire peur. A l'issue d'un petit conseil de famille, nous avons donc décidé de nous cotiser pour que maman soit accueillie pour un bref séjour dans une résidence médicalisée non loin du parc de Sceaux le temps que notre sœur reprenne des forces. De fait, maman est rentrée chez elle au bout de quelques semaines. Mais son état de santé était si dégradé qu'il nécessitait une surveillance accrue. Nous l'avons donc reconduite, la mort dans l'âme, dans cet asile de demi-luxe, quai d'embarquement faussement rassurant pour le voyage sans retour. Quotidiennement,

Simone, retraitée depuis peu de chez Ginoux, faisait le trajet d'Arcueil à Antony, par RER et autobus, pour lui tenir compagnie, renouveler son linge, s'occuper de ses affaires. Les autres enfants, plus occupés, trop occupés, venaient la voir une fois ou deux par semaine. Le déclin de notre mère devenait pathétique. Nous lui avions offert une télévision équipée d'écouteurs pour pallier sa surdité, mais, au bout de quelques semaines à peine, elle n'appuyait plus sur sa télécommande, perdant goût à toute chose. Elle qui naguère lisait à la moindre occasion, n'ouvrait plus même un magazine : le monde extérieur s'effaçait de sa conscience ; la vie intérieure se rapprochait du néant. A chacune de mes visites, j'entendais comme un leitmotiv : « Je veux mourir… »

Sur celle qui s'en va, je m'interroge : a-t-elle connu un moment de bonheur ?

Après la mort de mon père, elle a tenté de maintenir la barre de son commerce contre vents et marées. En pure perte, au sens propre : les impôts l'accablaient ; faute de trésorerie, elle était en délicatesse avec le percepteur. Un jour, elle se résigna à vendre son fonds de commerce ; mais les acheteurs n'affluaient pas. Un moment, elle espéra négocier avec un photographe de Montgeron qui projetait d'installer un studio à la place de notre magasin, bien en vain. Heureusement, une occasion de se reconvertir s'offrit à point nommé : la RATP recrutait les veuves d'agent. Alors, maman a revêtu la blouse des employés du métro, pour devenir poinçonneuse sur la ligne Nation-Étoile, avant d'être promue caissière, qualification qui me sauva la mise quand, jeune lycéen, je devais remplir les fiches d'identité de début d'année : profession des parents… Cette année-là, jetant un coup d'œil sur la fiche de mon voisin, Yves G., je vis que, lui aussi orphelin de père, avait inscrit pour sa mère, employée dans un grand magasin : « caissière ». Je me suis empressé de l'imiter, me gardant bien de préciser « à la RATP » ou « au métro ». J'étais jeune et j'avais honte : nous étions entourés de fils de professeurs, d'ingénieurs, d'archevêques, et j'avais beau me dire que la valeur de chacun ne dépendait pas de la profession de ses parents, j'ai été embarrassé, pendant un an ou deux, d'une vergogne digne d'un fils de garde-chasse admis à partager les jeux des enfants de M. le Comte. Pauvre maman ! Je me suis racheté un peu plus tard, en obtenant la meilleure note en composition française sur « Quelles sont vos qualités préférées ? ». J'avais répondu : le courage, et l'exemple de ma mère faisait le cœur de mon développement.

Le fonds de commerce, transformé en remise, n'était toujours pas vendu. Enfin, notre voisin boucher en proposa une somme, dérisoire, afin d'ouvrir à sa fille un magasin de dessous féminins. Sans autre espoir de vente, ma mère se résigna à céder les murs. Le « Cours des Halles » devint « Au chic parisien » ou quelque chose d'avoisinant, les fruits de saison cédant la place aux bas nylon et aux soutiens-gorge en dentelles. Du même coup, notre habitation s'est transformée. Privés de la boutique et surtout de l'arrière-boutique qui nous servait de cuisine, nous nous sommes blottis dans notre appartement de la cour, après avoir obtenu l'autorisation des propriétaires de l'agrandir en perçant une entrée dans un appartement contigu inhabité. Le résultat de l'opération fut pour moi de gagner une chambre, ma chambre jusqu'à la fin de mes études. A ce moment-là, nous n'étions plus que trois à vivre ensemble : maman, Simone et moi.

Le premier à quitter le cercle de famille avait été Pierre. Séminariste de circonstance, déçu par l'enseignement de Montmélian, il s'était marié à vingt-deux ans. D'abord employé comme chauffeur de camion dans l'entreprise de sa belle-famille, il avait obtenu une place d'instituteur à Orly grâce au brevet d'études préparé du temps de Puteaux, hors programme. Au début, il se rendait à Orly sur la bicyclette de course de Marcel, que la famille de Béziers avait enfin réexpédiée (remplacée plus tard par une superbe bécane « demi-course » de chez Camille Foucault, à Montrouge). Résolu à poursuivre ses études, il s'inscrivit aux cours d'enseignement par correspondance, pour passer son baccalauréat, puis il devint professeur d'histoire-géographie dans un collège de Bagneux. Par bonheur pour moi, sa bosse des maths ne s'était pas aplatie, si bien que je montais souvent chez lui pour qu'il m'aide à résoudre quelque labyrinthique problème de géométrie. Avec sa femme Élyse il occupait la grande chambre du 15, modernisée, réaménagée et enfin raccordée à l'eau courante : en ces lendemains de guerre, la question du logement était des plus épineuse. Plus tard, ils ont acheté dans un lotissement de La Croix-de-Berny une maison avec jardin. Un lieu idéal pour le goûter souhaité par notre mère, petite satisfaction posthume dans une vie avare de plaisirs.

Le bonheur, si elle en eut, c'est paradoxal de le dire, a été le temps de sa prolétarisation. En entrant à la RATP, c'est une chape de soucis dont elle s'est débarrassée : factures, crédit, fisc, et ces maudits tickets, dont les derniers n'ont disparu qu'en 1949. Son premier poste de poinçonneuse lui est apparu comme un doux farniente comparé à la constante et ingrate besogne du commerce. Même le système de congé, dont la rigueur ferait frémir à l'époque des 35 heures, ne la rebutait pas. Elle travaillait pourtant sept jours de suite et ne bénéficiait que du huitième comme congé hebdomadaire : si elle commençait un lundi, elle devait attendre le lundi suivant pour être de repos, puis le mardi suivant, et ainsi de suite. Au total, elle ne jouissait d'un dimanche de repos que tous les deux mois. Ce système implacable était en partie contrebalancé par des congés « compensateurs », trois ou quatre jours par-ci par-là, qu'elle savourait comme un cadeau. Surtout, pour la première fois depuis son enfance, ma mère avait enfin des congés annuels, deux semaines, trois semaines à partir de 1956, ce qui lui a enfin permis de voyager, généralement avec Simone, toujours célibataire : l'île d'Oléron, l'Espagne, la Corse où, chose inimaginable pour elle, elle se rendit en avion.

En dehors d'un revenu acceptable et de ces « avantages » jusqu'alors inconnus, cette nouvelle vie l'ouvrit à un sentiment nouveau, l'amitié professionnelle. Ainsi, Mme M., autre veuve d'agent, autre mère de famille nombreuse, autre habitante d'Arcueil, entrée comme elle à la RATP, devint une amie et pas seulement au travail. Jamais, du vivant de mon père et du temps de son commerce, ma mère n'avait connu ça : elle n'avait eu que des fournisseurs, des confrères, des clients. C'est son emploi de salariée, dans le trou du métro, qui lui a offert cette relation simple, affectueuse, durable. Les deux amies ne se contentaient pas, les jours de congé, d'aller faire leurs courses ensemble : pieuses toutes les deux, elles se rendaient souvent à la « médaille miraculeuse » de la rue du Bac, là où Catherine Labouré avait cru avoir l'apparition de la Vierge. Cette dévotion m'agaçait, mais je me gardais bien de lui en faire le reproche. Ça lui faisait plaisir, ça la réconfortait et de toute manière, même à mes yeux narquois, la religion populaire méritait mieux que le mépris.

Ma mère a aussi éprouvé beaucoup de joie à être grand-mère. Pierre a eu un garçon et une fille ; Marie-Thérèse, trois filles ; Geneviève, trois garçons et une fille, et moi, deux fils. Maman s'en occupait selon ses loisirs, les emmenait parfois en vacances. Quand elle prit sa retraite en 1966, naissait Thomas, notre fils aîné, à Françoise et moi, ce qui lui donna l'occasion de materner, plaisir et luxe qui ne lui avaient jamais été offerts avec ses propres enfants, faute de temps.

J'ai vécu sous son toit à Arcueil jusqu'à la fin de mes études en 1961. Ma chance a été d'être le premier de la famille à suivre des études prolongées et régulières. Le directeur de l'école Jules-Ferry avait conseillé à ma mère de me faire passer au cours complémentaire. Rien ne valait à ses yeux le primaire supérieur. Mon frère Pierre, échaudé, n'a pas eu trop de mal à convaincre maman de me laisser passer l'examen d'entrée en sixième, au lycée Lakanal, à Sceaux. Ce n'était pas la norme dans mon école : comme je l'ai dit, nous n'étions que trois élèves à nous y présenter – et à y être reçus. Pierre, qui avait appris le latin au séminaire, m'inscrit d'autorité dans la section *rosa-*

la rose, ce dont je me féliciterais plus tard en passant ma licence d'histoire qui comprenait encore, en cette fin des années cinquante, une épreuve de latin en histoire ancienne.

Dans cette réunion, parmi les miens, je médite ainsi sur ma chance et sur la dette que j'ai à l'égard de Pierre, qui n'a cessé de m'encourager, jusqu'au bout, à poursuivre mes études. Dans les milieux populaires, sinon prolétariens, toute famille est tentée de les abréger, au profit d'un salaire tangible. Et puis, on n'y a pas naturellement confiance en soi. Je me souviens de la question posée par un de mes condisciples en quatrième : « Que feras-tu après le bac ? » Mon Dieu, le bac était encore bien loin, y parviendrais-je jamais ? La même année, celle de mes quatorze ans, Pierre m'a conseillé de passer le certificat d'études, ce qui n'intéressait évidemment personne au lycée. Mais, lui, il y tenait : nul ne sait ce que l'avenir réserve et, en plus, ça m'aguerrirait aux examens. Le même conditionnement social – salaire plutôt qu'études – a rejoué après mon bac. Je m'étais inscrit dans une classe d'hypokhâgne du lycée Lakanal (une ambition modeste, d'ailleurs, puisqu'il s'agissait de préparer non la rue d'Ulm mais l'humble École normale supérieure de l'Enseignement technique), lorsqu'un ami de la famille prévint ma mère que la Compagnie du Niger, une société d'import-export appartenant au groupe

Astra et Lever, recrutait des bacheliers de l'année. L'idée de toucher une paye (nettement supérieure au SMIG, avec un g), l'occasion de ne plus être à la charge de ma mère, s'imposèrent à moi. Renonçant au lycée, je me suis fait admettre dans cette entreprise dont le siège était à Saint-Philippe-du-Roule. Il existe bien une ambition de classe et, à l'inverse, une indifférence de classe à l'ambition sociale. On pare au plus pressé ; on n'a pas la moindre idée d'une carrière. Je me disais que, passé cette porte, je pouvais peut-être faire mon chemin, qui sait ? Au bout de quelques semaines, j'avais compris l'insanité de mon choix. Allais-je rester piégé dans cette impasse ? Une nouvelle fois, j'ai pu compter sur les encouragements de Pierre, et suis revenu du Niger à Noël, moins glorieusement que Gide du Congo, mais en sautant de joie. Cette saison dans le monde des adultes m'avait, en tout cas, ôté l'envie de redevenir lycéen, malgré l'insistance de mon ami Jean-Pierre Azéma, interne à Lakanal. J'ai donc préparé l'année de propédeutique (l'équivalent du DEUG) à la Sorbonne, tout en suivant les cours d'hypokhâgne au Centre d'enseignement par correspondance auquel je m'étais inscrit en octobre. Hélas ! trop tard pour obtenir une bourse. C'est alors que Pierre, toujours, me procura un merveilleux tapir : je devins le répétiteur d'un fils d'un médecin proche de la famille, inscrit lui aussi au Centre d'enseignement par correspondance pour cause de primo-infection. J'allais donc chaque jour surveiller ses devoirs, lui expliquer ce qu'il n'avait pas compris et recevais de sa mère des honoraires propres à me faire oublier le bulletin de paye du Niger. Dans les années suivantes, j'ai obtenu une bourse, revalorisée chaque année, que je complétais par des cours particuliers et autres petits boulots.

Petit dernier de la famille, j'ai eu droit aux bonnes cartes. Mon père m'aurait-il permis d'entrer en sixième au lycée ? Né dix ans plus tôt, ne serais-je pas tombé sous la malédiction paternelle envers les « ronds-de-cuir » ? Sans mon frère Pierre, aurais-je poursuivi des études jusqu'à l'agrégation ? Autant de questions sans réponse assurée. En revanche, à l'évidence, j'avais atteint l'époque des décisions sérieuses de la vie dans une conjoncture autrement favorable que celle de mes frères et sœurs. Surgi près de dix ans après ma dernière sœur Geneviève, cinquième de la troupe, j'ai bénéficié du fait que mes aînés étaient déjà au travail au moment où s'est posée pour moi la question du grand choix : lycée ou pas lycée. Une même famille et des destinées bien différentes, selon le numéro qu'on a tiré. Grâces soient rendues aux miens !

La divergence de nos cheminements personnels me ramène à Marcel, dont l'existence a été si brève. A peine l'ai-je connu, et pourtant le nimbe de sa mémoire n'a cessé de briller. Modèle tutélaire, il m'a légué le goût des livres et de la littérature, en même temps que sa bibliothèque. Sans ces livres laissés par lui, que trouvions-nous à la maison ? Un Petit Larousse illustré, un Larousse médical où chacun de nous, l'un après l'autre, faisait son éducation sexuelle (jamais nos parents n'auraient abordé ces choses-là), les livres de prix à couverture rouge, dorés sur tranches, que les uns et les autres avaient reçus à une époque où la République était généreuse, et où rutilaient surtout les Jules Verne… C'était à peu près tout. La présence des livres de Marcel, d'abord, puis ceux que me prêterait Pierre, expliquent sans doute en partie ma « naturalisation » culturelle. Mais la pensée de Marcel a agi d'une autre manière. Pour moi, et les photographies de l'album familial me le confirmaient, il était d'abord un écrivain, un jeune poète, un futur romancier, assis devant son bureau, le front baissé, le stylo à la main. Les quelques textes laissés par lui, son journal, tout cela composait le début d'une œuvre encore adolescente que la mort avait interrompue à peine entamée, et dont je me suis fait une référence secrète. A défaut d'être écrivain, je n'ai jamais cessé d'avoir la tête dans les livres comme en hommage à mon frère.

Nous voici à la porte du cimetière. Ceux qui ont des voitures chargent les autres et nous filons à

La Croix-de-Berny. Nul doute que Jeanne eût été contente de nous voir tous ensemble, évoquant des souvenirs, des anecdotes qui, parfois, font rire. Le jour où, tu t'en souviens…

Nulle tristesse ne nous étreint, rien qu'une certaine mélancolie. Nous ressentons, nous ses enfants, le regret de n'avoir pu, de n'avoir su, manifester à notre mère l'affection profonde que nous lui portions. Mais si la mort de mon frère et celle de mon père avaient été dramatiques, fauchés qu'ils avaient été avant l'âge, la mort de notre mère, à le bien prendre, n'est rien de moins que naturelle : elle avait 91 ans.

Ses arrière-petits-enfants jouent dans le jardin.

Table

DU MÊME AUTEUR

Histoire politique
de la revue « Esprit », 1930-1950
Seuil, « L'Univers historique », 1975
rééd. sous le titre
« Esprit ». Des intellectuels dans la Cité, 1930-1950
Seuil, « Points Histoire », n° 200

La République se meurt. Chronique 1956-1958
Seuil, 1978
Gallimard, « Folio », 1985

La Fièvre hexagonale
Les grandes crises politiques, 1871-1968
Calmann-Lévy, 1986
Seuil « Points Histoire », n° 97

Chronique des années soixante
Le Monde/Seuil, « XXe siècle », 1987
et Seuil, « Points Histoire », n° 136

1789. L'année sans pareille
Le Monde/Orban, 1988
et Hachette, « Pluriel », 1989

L'Échec au roi, 1791-1792
Orban, 1991

Le Socialisme en France et en Europe
XIXe-XXe siècle
Seuil, « Points Histoire », n° 162

Les Frontières vives
Journal de la fin du siècle (1991)
Seuil, 1992

Parlez-moi de la France
Plon, 1995
Seuil, « Points », n° 336

Le Siècle des intellectuels
Seuil, 1997
et « Points », n° 613

1914-1918
raconté par Michel Winock
Perrin, 1998

La France politique. XIXe-XXe siècle
Seuil, « Points Histoire », n° 256

Les Voix de la liberté
Les écrivains engagés au XIXe siècle
Seuil, 2001
et « Points », n° P1038

La Belle Époque : la France de 1900 à 1914
Perrin, 2002

Édition exclusivement réservée
aux adhérents du Club
Le Grand Livre du Mois
15, rue des Sablons
75116 Paris
réalisée avec l'aimable autorisation des éditions du Seuil

RÉALISATION : PAO ÉDITIONS DU SEUIL
ACHEVÉ D'IMPRIMER SUR ROTO-PAGE
PAR L'IMPRIMERIE FLOCH À MAYENNE
DÉPÔT LÉGAL : SEPTEMBRE 2003 (58082-1)
ISBN 2-7028-8715-5
IMPRIMÉ EN FRANCE